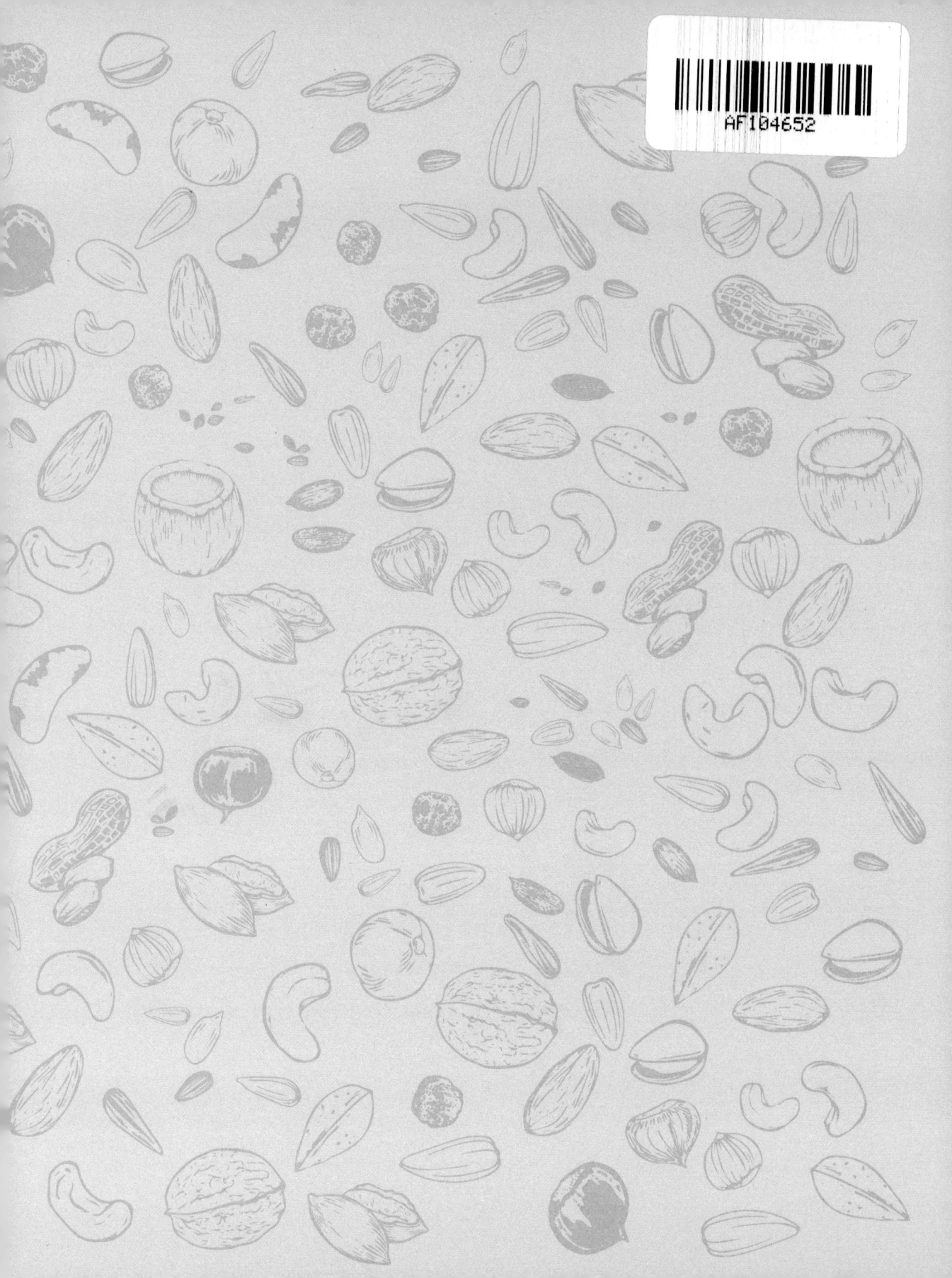

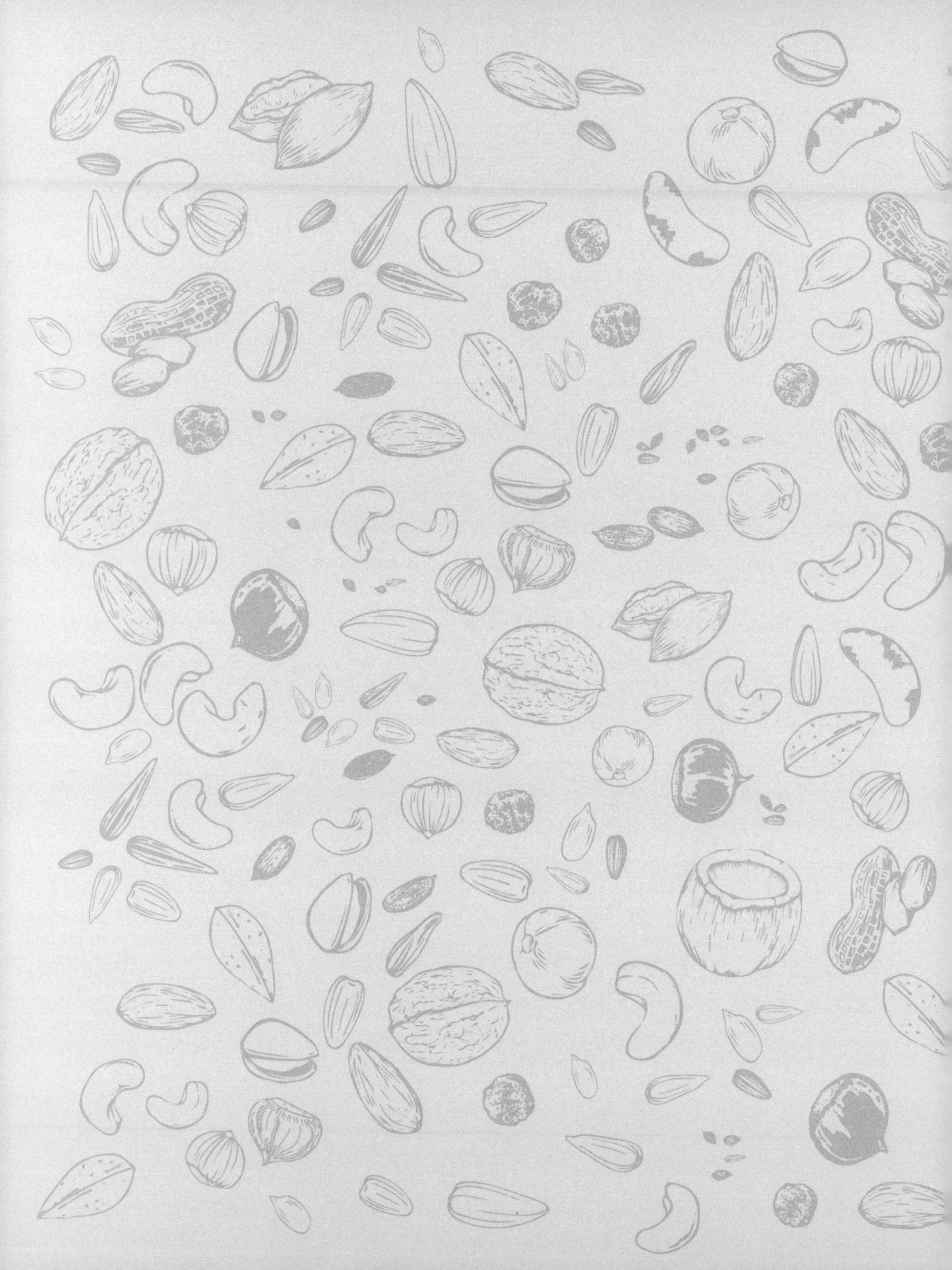

DAS NUSS KOCHBUCH

Estella Schweizer
Fotos: Winfried Heinze

DAS NUSS KOCHBUCH

80 VEGANE REZEPTE ZUM KOCHEN UND BACKEN MIT NÜSSEN

PRESTEL

MÜNCHEN · LONDON · NEW YORK

INHALT

Vorwort 7

Warum wir Nüsse essen sollten 8

Nussverarbeitung im Anbauland:
ökonomisch, ökologisch, sozial 10

Zur Nutzung dieses Buchs 12

Nussverarbeitung in Theorie und Praxis 18

Grundrezepte für Nussmilchprodukte 22

Grundrezepte für Dressings, Marinaden
und Saucen 28

Meine Vorräte und mein Equipment
für die Jeden-Tag-Küche 246

Register 250

Dank 255

NUSSSTECKBRIEFE

	Die Walnuss	44
	Die Erdnuss	62
	Die Pekannuss	72
	Die Paranuss	98
	Die Cashew	112
	Die Erdmandel	130
	Die Haselnuss	150
	Die Mandel	164
	Die Kokosnuss	186
	Die Macadamia	200
	Die Pistazie	214
	Die Marone	232
	Kerne und Samen	242

REZEPTE

Frühling	34
Sommer	88
Herbst	140
Winter	190

VORWORT

Nuss kommt von GeNUSS, sage ich gerne zu Menschen, die mehr über die essbaren Samen unter den harten Schalen erfahren wollen. Auch wenn es keinerlei Beleg dafür gibt, dass das Wort »Genuss« mit der Nuss zu tun hat, bringt es mich immer wieder zum Schmunzeln, denn für mich liegt die Verbindung auf der Hand.

Wir alle kennen Nüsse, doch für die meisten von uns sind sie ein noch unentdeckter Schatz. Sie sind weit mehr als nur eine Knabberei oder eine Zutat im Weihnachtsgebäck – sie sind wahre Alleskönner. Charmant knackig, mild und süßlich, und vor allem vielseitig einsetzbar. Gesund sind die kleinen Kraftpakete noch dazu. Bereits eine Handvoll Nüsse am Tag genügt, um von ihrem positiven Effekt auf die Gesundheit zu profitieren, denn sie versorgen uns mit wichtigen Nährstoffen und können zur Prävention von Herz-Kreislauf-Erkrankungen beitragen.

Da ich das vielfältige Potenzial der Nuss nur allzu gern in der Küche nutze, hole ich sie in diesem GeNUSSwerk aus dem Nischendasein heraus und stupse sie ins Rampenlicht. Denn dort gehört sie hin! Neben ihren gesundheitsfördernden Eigenschaften bereichern Nüsse meine Mahlzeiten durch ihre Würze und Konsistenz, ihr Mundgefühl und ihren außergewöhnlichen Geschmack. Meistens setze ich sie ganz bewusst nur in kleinen Mengen für das besondere Etwas ein, was nicht heißt, dass man nicht auch Großes mit ihnen zaubern kann: Haselnussmilch, Cashewquark oder Mandelricotta beispielsweise. Ihren ganz großen Auftritt haben sie u. a. als Tellerlasagne mit Cashew-Béchamel, No Cheese Fondue oder winterlicher Nussbraten.

In diesem Buch möchte ich der Nuss im wahrsten Sinne des Wortes auf den Kern gehen und euch mit auf eine kulinarische Reise nehmen. Wir haben mit unseren Ernährungsgewohnheiten und der Wahl unserer Lebensmittel einen unfassbar großen Einfluss auf den Lebensraum Erde. Dass die Nuss dabei vergleichsweise gut wegkommt, zeige ich ebenso wie die Notwendigkeit eines fairen Handels und eines nachhaltigen, wertschöpfenden Anbaus. Nach einer kurzen Einführung erleben wir anhand von diversen Grundrezepten rund um Nussmilchprodukte, Dressings und Saucen sowie 67 Gerichten, die uns durch ein ganzes Gartenjahr begleiten, wie unkompliziert und köstlich die pflanzenbasierte Gemüseküche daherkommt und wie einfach sich Nüsse in unsere Ernährung integrieren lassen. Meine Rezepte sind vegan und größtenteils glutenfrei – also einfach gut für alle.

Zwischen den Rezepten habe ich immer wieder Nusssteckbriefe versteckt, die nicht nur nützliche Infos rund um die jeweilige Nuss, ihren gesundheitlichen Nutzen und ihre Verwendung in der Küche liefern, sondern sich auch den ökologischen, ökonomischen und sozialen Herausforderungen widmen, die bei Anbau und Verkauf eine Rolle spielen. Ihr könnt sie gezielt suchen, wie ein Eichhörnchen seinen Wintervorrat, oder das Entdecken dem Zufall überlassen und von Zeit zu Zeit beim Kochen auf sie stoßen. Zu guter Letzt werfen wir einen Blick in meinen Vorratsschrank und ich verrate euch, welche Lebensmittel und praktischen Küchenhelfer bei mir zum Einsatz kommen.

Dieses Buch ist einzigartig, denn es stellt die Nuss als Zutat in den Mittelpunkt und bindet sie konsequent in die Jeden-Tag-Gemüseküche ein. Ich bin mir sicher, dass auch ihr zu wahren Nussliebhaber*innen werdet und Nüsse, Samen und Kerne euren Alltag ebenso bereichern wie meinen.

Lasst euch inspirieren!
Estella Schweizer

WARUM WIR NÜSSE ESSEN SOLLTEN

Nüsse, Samen und Kerne schmecken nicht nur gut, sondern zählen auch zu den gesündesten Lebensmitteln, die wir zu uns nehmen. Wie ihr später in den Nusssteckbriefen herausfinden werdet, meint die Bezeichnung »Nüsse« keine geschlossene botanische Gruppe, sondern bezieht sich auf alle protein- und fettreichen Kerne, die mit einer überdurchschnittlich hohen Mikronährstoffdichte punkten können. Wenn im Folgenden von »Nüssen« die Rede ist, sind Samen und Kerne also in der Regel mitgemeint.

Nüsse sind ein wahres Superfood und gerade in der pflanzlichen Küche als wichtige Eiweißlieferanten eine willkommene Ergänzung. Sie sind wasserarm und vollgepackt mit Mineralstoffen, Spurenelementen und vielen Vitaminen aus dem B-Komplex sowie reichlich Vitamin E. Bereits der Verzehr von 30 bis 40 Gramm pro Tag deckt bis zu 50 Prozent des Bedarfs an manchen Mineralstoffen. Und das entspricht gerade einmal 10 bis 15 Prozent der Tageskalorien, die Frauen und Männer zu sich nehmen sollten.

Nüsse und Samen enthalten vornehmlich einfach und mehrfach ungesättigte Fettsäuren. Diese wirken regulierend auf den Fettsäurestoffwechsel und senken den Cholesterinwert. Durch ihren hohen Anteil an Ballaststoffen und Vitamin E haben Nüsse zudem eine entzündungshemmende Wirkung. Damit beugt ihr Verzehr der Bildung von arteriosklerotischen Plaques in den Blutgefäßen vor. Die oft reichlich enthaltene Folsäure in Kombination mit Vitamin B2 und B6 senkt den Homocysteinwert im Blut, wodurch die Arterienwände ebenfalls vor Ablagerungen bewahrt und die Herzkranzgefäße geschützt werden. Positiv auf die Herzgesundheit wirkt sich zudem der recht hohe Gehalt an Arginin aus. Diese Aminosäure spielt eine entscheidende Rolle bei der Bildung von Stickstoffmonoxid, welches die Muskulatur der Arterienwände entspannt und damit den Blutdruck senkt.

Entgegen weitverbreiteter Annahmen sind Nüsse echte Schlankmacher. Sie sind komplex aufgebaut, liefern reichlich Energie und sättigen lange. Große Querschnittstudien zeigen, dass Menschen, die Nüsse in ihre Mahlzeiten integrieren, weniger oft zwischendurch snacken als solche, die auf Nüsse verzichten. Bei den folgenden Mahlzeiten nehmen Nussesser*innen außerdem tendenziell weniger zu sich als -verschmäher*innen.

Untersuchungen zeigen sogar, dass sich Nüsse trotz ihres recht hohen Kaloriengehalts günstig auf das Körpergewicht auszuwirken scheinen. Einer der Gründe dafür könnte sein, dass vor allem das in Nüssen enthaltene Fett vom Körper nicht so leicht aufgenommen werden kann wie die Energie aus isoliertem Fett (Öl, Margarine) oder minderwertigen Kohlenhydraten (niedrig ausgemahlenes Mehl, raffinierter Zucker). Einen Teil der mit der Nuss verzehrten Kalorien scheidet man also wieder aus. Außerdem sprechen Fachleute von einem thermogenetischen Effekt der Nuss auf den Stoffwechsel. Das bedeutet, dass die Körpertemperatur nach dem Essen etwas ansteigt und die überschüssige Energie als Wärme verpufft.

Ihr seht, das alles sind gute Gründe, warum ich in Saucen, Dressings und Aufstrichen gerne einen Teil Öl durch Nussmus ersetze, das als komplexere Fettquelle mit wesentlich mehr Mikronährstoffen auch noch einen prima Geschmack mitbringt. Welche Nuss nun welche Mineralstoffe und Vitamine im Gepäck hat, wofür sie sich besonders gut verwenden lässt und auf was man beim Einkauf achten sollte, erfahrt ihr in den Nusssteckbriefen, die sich zwischen den Rezeptseiten versteckt haben.

NUSSVERARBEITUNG IM ANBAULAND: ÖKONOMISCH, ÖKOLOGISCH, SOZIAL

Nüsse sind nicht nur in der pflanzenbasierten Küche aufgrund ihrer zahlreichen Nährstoffe heiß begehrt, sondern in vielen Ernährungsformen und -philosophien fest verankert. Als wahres Superfood findet die Nuss ihren Weg auf unsere Teller, auch wenn sie weder das regionalste noch das ressourcenschonendste Lebensmittel ist.

Es gibt hierzulande ein paar wenige lokale Betriebe, die sich dem Anbau von Walnüssen und Haselnüssen verschrieben haben, Nussbäume auf ihren Obstwiesen und Gemüseäckern kultivieren und ihre Erträge auf Wochenmärkten oder in eigenen Hofläden anbieten. In die Supermarktregale schaffen es die aus regionalem Anbau stammenden Nüsse in der Regel nicht. Die knackigen Köstlichkeiten, die wir dort finden, stammen vornehmlich aus dem europäischen Ausland sowie aus Ländern des sogenannten globalen Südens. Dies liegt zum einen daran, dass die hiesigen klimatischen Bedingungen für den Anbau der meisten Nüsse eher ungünstig sind, zum anderen trägt es sich wirtschaftlich kaum, solche Produkte zu vertreiben. Hier fehlt es z. B. an Erntemaschinen und professionellen Knackanlagen.

Die gesamte Infrastruktur rund um Ernte, Aufbereitung und Vertrieb hat sich im Laufe der Zeit dorthin verlagert, wo sie logistisch am einfachsten umzusetzen und wirtschaftlich am ertragreichsten ist. Das ist wirtschaftspolitisch zwar nachvollziehbar, aus sozialen und ökologischen Gründen allerdings nicht tragbar.

Bei Cashewkernen ist es beispielshalber so, dass zwar über die Hälfte der auf dem Weltmarkt gehandelten Nüsse vom afrikanischen Kontinent stammen, aber weniger als 5 Prozent tatsächlich vor Ort getrocknet, geknackt und verpackt werden. Der Großteil der Ware wird ungeschält in Containern nach Asien verschifft, denn dort ist die Verarbeitung preislich deutlich attraktiver, allerdings zum Nachteil der Erzeuger*innen. Der Betrag, den die Bäuerinnen und Bauern für die Rohware erhalten, ist so gering, dass die meisten von ihnen unter der Armutsgrenze leben. Zwischen 2018 und 2022 erhielten die Produzent*innen für 1 Kilo ungeknackte Cashewkerne etwa 1,50 Euro. Für 1 Kilo geschälte, verzehrfertige Kerne dagegen etwa 10 Euro. Je weniger verarbeitet die Nüsse abgegeben werden, desto geringer also die Einnahmen.

Ähnlich verhält es sich mit den meisten anderen Nüssen. Die Erzeuger*innen verdienen am allermeisten, wenn sie ihre Produkte selbst aufbereiten (und/oder veredeln) und direkt auf dem europäischen Markt verkaufen können.

Die Nüsse werden ihnen allerdings oft ungeknackt und unverarbeitet zu sehr niedrigen Preisen abgekauft und in anderen Ländern aufbereitet. Nehmen die Nüsse den Umweg über Asien, um dort industriell geknackt, verarbeitet – beispielsweise zu Öl, einem edlen Monoprodukt oder Snack – und weiterverkauft zu werden, sehen die Bäuerinnen und Bauern nichts von dem zusätzlichen Erlös, den diese Ware abwirft.

Leider hört die Misere hier oft nicht auf. Die Weiterverarbeitung der Nüsse erfolgt je nach Land entweder maschinell (China und Vietnam) oder per Hand (Indien). Arbeits- und Gesundheitsschutz werden dabei oft vernachlässigt. Viele der vornehmlich weiblichen Arbeiter*innen in Indien, die die Nüsse mit bloßen Händen und zu Billiglöhnen knacken, erleiden schlimmste Hautverletzungen, wenn sie mit dem ätzenden Schalenöl der Cashews in Kontakt kommen, das vor dem Schälen erst durch Hitzeeinwirkung abgebaut werden muss.

Noch dazu fallen beim Transport dieser Nüsse überflüssige Emissionen an. Eine direkt aus Afrika importierte, verzehrfertige Cashew reist in etwa 15 Tagen zu uns. Eine unfair gehandelte, in Asien geschälte Nuss braucht dagegen etwa 60 Tage und hat um ein Vielfaches mehr Kilometer auf dem Buckel.

Ein für Mensch und Umwelt fairer Handel sieht so ganz sicher nicht aus. Fair und nachhaltig ist immer die lokale Verarbeitung der Rohware im Anbauland, denn der entsprechend höhere Gewinn, den die Produzent*innen so erzielen, liefert die Grundlage für die Versorgung, Gesundheit und Bildung der Familien vor Ort.

Indem wir als Konsument*innen beim Einkauf fair gehandelte Ware bevorzugen und das konventionelle, marode Handelssystem nicht unterstützen, setzen wir ein Zeichen. Das Fairtrade-Siegel kennzeichnet Produkte, bei deren Herstellung bestimmte Standards eingehalten werden. Neben ökologischen Aspekten (wie umweltschonendem Anbau, dem Verbot gefährlicher Pestizide, Saatgutkontrollen und einem höheren Preis für biologisch erzeugte Ware) verfolgt das Fairtrade-Zertifizierungssystem auch ökonomische und soziale Kriterien (wie transparente Handelsbeziehungen, einen festgesetzten Mindestpreis, geregelte Arbeitsbedingungen, die Organisation in demokratische Gemeinschaften oder das Verbot von Kinderarbeit). Eine nachhaltige, zukunftsfähige Lebensmittelerzeugung muss – egal, wo auf der Welt sie stattfindet – auf ökonomischen, ökologischen und sozialen Grundpfeilern stehen.

Bei Mandeln, Haselnüssen, Walnüssen und Pistazien sieht es hinsichtlich des Fairtrade-Aspekts etwas anders aus. Diese Nüsse wachsen teilweise zwar ebenfalls in Ländern des globalen Südens oder anderen wirtschaftlich schwächeren Regionen, die bei Anbau, Erzeugung, Ernte und Verkauf von Unternehmen begleitet werden, die fairen Handel fördern und strenge Kriterien anwenden, um den Produzent*innen den bestmöglichen Preis zu garantieren (z. B. Fair for Life). Allerdings werden diese Nüsse auch im europäischen Ausland angebaut – eben in Ländern, die aufgrund klimatischer Bedingungen und kultureller Tradition dafür prädestiniert sind. Wir sprechen von sonnenverwöhnten sizilianischen Mandeln und Pistazien, Haselnüssen aus dem Piemont und Walnüssen aus Südfrankreich und den Balkanstaaten.

ZUR NUTZUNG DIESES BUCHS

Wichtig ist, dass wir als Verbraucher*innen einen genaueren Blick auf die Gegebenheiten werfen und uns absichern, dass beispielshalber die Standards der biologischen Landwirtschaft eingehalten werden und auf Umweltschutz sowie nachhaltige Bodengesundheit Wert gelegt wird. Biozertifizierte Nüsse sind in dieser Hinsicht klar von Vorteil (das gilt im Übrigen auch für Getreide, Hülsenfrüchte, Gemüse und Obst). Beim Einkauf können wir darauf achten, woher die Nüsse stammen, denn die Erzeugerländer sind in der Regel auf den Produkten gekennzeichnet, oder Unternehmen bevorzugen, die ihre Handelsbeziehungen offenlegen.

Was Anbau, Ernte und Handelswege betrifft, sind Maronen und Samen weniger kritisch für Mensch und Umwelt. Der Bodengesundheit wegen, um Schadstoffbelastungen und Pestizidrückstände zu vermeiden und um der Umwelt etwas Gutes zu tun, positioniere ich mich jedoch auch hier ganz klar zur biologischen Landwirtschaft.

ZUM SAISONALEN AUFBAU

Dieses Kochbuch ist nach Jahreszeiten aufgebaut, die Rezepte orientieren sich an den in der jeweiligen Saison vorwiegend verfügbaren Zutaten. Gleichzeitig ist unsere Lebensmittelrealität sehr weit vom tatsächlichen Rhythmus der Jahreszeiten entfernt. Niemand ernährt sich von Dezember bis April ausschließlich von eingelagerten Wurzeln, Kohl sowie fermentiertem oder eingelegtem Gemüse. Kaum jemand verzichtet von Oktober bis Juni auf Tomaten oder zwischen Mai und November auf Orangen und Zitronen. Selbst wer achtsam ist und sich am saisonalen Obst- und Gemüseangebot bedient, wird mit den komplexen Strukturen der Lebensmittelproduktion und des Handels konfrontiert. Schon sehr früh im Jahr stehen uns in den Regalen wieder bunte Gemüsesorten, Kräuter und Salate zur Verfügung, welche in Gewächshäusern angebaut oder aus wärmeren Ländern importiert werden.

Ich selbst richte mich bei der Auswahl meiner Lebensmittel weitestgehend nach saisonal verfügbaren Gemüse- und Obstsorten, Salaten und Kräutern. Spargel und Rhabarber gibt es ausschließlich im April, Mai und Juni, Tomaten vornehmlich im Hochsommer. Im Sommer und Herbst kommen Blattsalate wie Batavia, Lollo Rosso und Kopfsalat auf den Tisch, bis sie in der kälteren Jahreszeit von Feldsalat, Endivie und Chicorée abgelöst werden.

In diesem Buch male ich den Jahreszeiten folgend ein Bild, das sich an der Stimmung und der Lust auf Genuss orientiert, die uns über das Jahr hinweg begleiten. Wenn im Frühling die ersten Knospen sprießen, ein leichter Wind weht und die Sonne morgens durch die mit Raureif überzogenen Blätter blitzt, bekommen wir Appetit auf frische, knackige Speisen. Im Sommer locken sättigende Salate und leichte, mediterrane Köstlichkeiten, während im Herbst die bunte Farbenpracht der satten Ernte auf den Teller möchte. Winterlich wärmend und kuschelig wird es dann mit deftiger Würze und nährenden Gerichten, sobald die Tage kürzer werden, die Abende frostig und das Wetter ungemütlich.

ZUR KÜCHENAUTONOMIE UND EXPERIMENTIERFREUDE BEIM KOCHEN

Meine Rezepte sollen gleichzeitig Kreativität wecken und miteinander kombiniert werden können. Mit ihnen gebe ich euch einen groben Rahmen, ein Art Leitfaden vor. Geschmacksschwerpunkte, Mengenverhältnisse und Zutatenkombinationen sind als Vorschläge zu verstehen und dürfen jederzeit variieren. Das Bild malt ihr schlussendlich selbst, je nachdem, welche Nüsse, welches Gemüse oder Getreide, welche Gewürze und Kräuter ihr gerade zu Hause habt. Folgt einfach eurem Geschmack.

Möglicherweise vermisst ihr in dem einen oder anderen Rezept konkrete Beschreibungen, z. B. wie flüssig oder fest eine Sauce sein soll, wie grob oder fein manche Zutat zu mahlen ist. Ich lade euch ganz bewusst zum Experimentieren ein, denn in der Vielfalt und Abwechslung liegt die Würze. Auch bei mir ändern sich Rezepte ständig. Seid gespannt, was es zu entdecken gibt.

Traut euch, die Rezepte den Jahreszeiten anzupassen und einfach mit anderen Obst- und Gemüsesorten, Beilagen oder Nüssen zu komponieren. Statt zu Ofenspargel serviert ihr die Mango-Erdnuss-Salsa (Rezept s. S. 65) im Herbst beispielsweise zu gedämpftem jungen Brokkoli oder im Winter zu geröstetem Rosenkohl. Der Nussbraten mit Maronen (Rezept s. S. 228/229) kann sich im Sommer in einen mediterranen Auflauf verwandeln, indem Gemüse und Pilze durch Auberginen, Zucchini und Paprika ersetzt werden und statt Maronen Tomatenstücke in der Bratenmasse landen. Genauso könnt ihr das Safranrisotto statt mit Puntarelle (Rezept s. S. 222/223) mit grünem Spargel, Kürbisschnitzen oder gerösteten Möhren kredenzen und den Paprika-Aprikosen-Salat (Rezept s. S. 114) mit Grünkohl oder Pastinaken aus dem Ofen oder gebratenem jungen Mangold umsetzen.

Wer keinen Buchweizen mag, macht das Buchweizenrisotto mit Pilzen (Rezept s. S. 175) einfach mit Risottoreis oder Dinkel. Wer keine Hirse zu Hause hat, kocht zur Artischocke mit Haselnuss-Mayonnaise (Rezept s. S. 124/125) eben Quinoa und wer keine Belugalinsen im Supermarkt findet, bereitet den Linsen-Apfel-Salat zur Roten Bete (Rezept s. S. 166) problemlos mit braunen oder grünen Linsen oder gar Kidneybohnen zu.

Ich hoffe, diese Beispiele veranschaulichen, wie frei meine Rezepte zu verstehen sind und wie autonom ihr eure eigene Leidenschaft für die kunterbunte Gemüseküche im heimischen Kochatelier ausleben könnt. Einfach, pragmatisch, unabhängig.

ZU ERNÄHRUNGSVORLIEBEN UND ZUTATEN

Wie bereits an anderer Stelle erwähnt, verwende ich vorwiegend Zutaten in Bioqualität. Neben dem Umweltschutz, der Bodengesundheit und vielen anderen Gründen gibt es für mich eine weitere überaus wichtige Tatsache, die eindeutig für die biologische Landwirtschaft spricht: der Geschmack. Eigentlich der Dreh- und Angelpunkt eines Kochbuchs, richtig?

Nahrungsmittel aus biologischem Anbau schmecken natürlicher, intensiver und aromatischer. Schon allein die vollen Aromen der Zutaten verleihen meinen alltäglichen Genussmomenten so viel Geschmack, dass ich keine konventionellen Produkte mehr verwenden möchte.

Getreide, Hülsenfrüchte, Nüsse, Sojaprodukte, Öle, Gewürze, kurzum alle haltbaren Lebensmittel für meine tägliche Küche kaufe ich im Bio- oder Unverpackt-Laden. Aus alltagspraktischen Gründen lege ich mir kleine Vorräte an. Aber Achtung – nicht übereuphorisch horten und hamstern! Achtet darauf, dass ihr nur das zu Hause habt, was ihr auch gerne esst und regelmäßig verbraucht. Es wäre viel zu schade, Lebensmittel wegzuschmeißen, die man nach Monaten oder gar Jahren aus den hintersten Ecken kramt und dann feststellt, dass sie nicht mehr gut sind.

Gemüse, Salate, Kräuter und Obst besorge ich am allerliebsten auf dem Wochenmarkt. Wer häufiger auf dem Markt einkauft, lernt die Bäuerinnen und Bauern aus der Region kennen und weiß bald schon genau, an welchem Stand die besten Stücke erhältlich sind. Nicht alle lokalen Erzeuger*innen können eine Biozertifizierung vorweisen, auch wenn sie unter Biobedingungen produzieren. Der Prozess ist für kleine Betriebe oft zu teuer und aufwendig. Im Gespräch mit den Anbieter*innen erfährt man jedoch schnell, wie gearbeitet wird, und kann so sichergehen, dass keine schädlichen Pestizide oder sonstigen Rückstände auf den Lebensmitteln haften.

In diesem Buch kochen und backen wir vegan sowie größtenteils glutenfrei. Für eine vegane Ernährung sprechen sowohl tierethische Gründe als auch Menschenrechte, denn in Tiermast und Schlachtung sind auch Menschenleben involviert. Neben denen, die in großen Mastbetrieben die grausame Arbeit verrichten, werden diejenigen ausgebeutet, die die globalen Zusammenhänge am anderen Ende der Welt besonders deutlich zu spüren bekommen. Für mich ist eine pflanzliche Ernährung aus klimapolitischen Gründen und aus Liebe zum Umweltschutz der einzig gangbare Weg in eine grünere Zukunft – vermutlich sogar der einzige, um eine lebenswerte Zukunft auf diesem Planeten zu sichern.

ZUR HANDHABUNG DER REZEPTE

Bevor wir gleich loslegen, ein paar letzte Hinweise zur Nutzung der Rezepte. Ich gehe davon aus, dass Obst und Gemüse, Kräuter und Salate vor dem Einsatz immer gründlich gewaschen werden. Ich schäle Zutaten nur dann, wenn es wirklich notwendig ist. Selbst bei Roter Bete, Süßkartoffeln und Hokkaido-Kürbis verwende ich die Schale mit, wenn sie keine verwachsenen Stellen aufweist. Hier gilt ganz besonders: Achtet unbedingt auf Bioqualität, wenn die Schale von Gemüse, Knollen und Zitrusfrüchten mitgegessen wird.

Im Ofen backe ich mit Umluft. Das ist energiesparender als Ober-/Unterhitze, da der Backofen nicht ganz so heiß werden muss. Wer aber lieber mit Ober-/Unterhitze backen möchte, erhöht die angegebene Ofentemperatur einfach um 20 °C. Das klappt genauso gut.

Bei der Zubereitung im Topf oder in der Pfanne erhitze ich das Fett und brate Gemüse und Co. in der Regel zunächst scharf an. Dann gare ich bei niedriger bis mittlerer Temperatur und oft bei geschlossenem Deckel weiter.

Ich gehe davon aus, dass Basics wie Backpapier, Schneebesen, Sparschäler, Gemüsehobel, Reibe, Schneidebrett und ein paar Messer in so gut wie jeder Küche vorhanden sind. Deswegen wird in den Rezepten nur außergewöhnlicheres Küchenzubehör extra aufgelistet.

Noch mehr über meinen persönlichen Vorratsschrank, meine Lieblingslebensmittel und mein Jeden-Tag-Küchenequipment erfahrt ihr ab Seite 246.

NUSSVERARBEITUNG IN THEORIE UND PRAXIS

Um Nüsse, Samen und Kerne in der täglichen Ernährung zu berücksichtigen und beim Kochen und Backen unkompliziert einzubinden, bedarf es nur weniger Tricks und Kniffe. Diese lassen sich spielend aneignen und in die Alltagsroutine integrieren.

EINWEICHEN

Wer Nussmilch, -joghurt, -quark und -frischkäse selbst herstellen möchte, tut gut daran, die Nüsse vor dem Verwenden mindestens vier, besser acht Stunden oder über Nacht in Wasser einzuweichen und quellen zu lassen. Dazu werden die Nüsse in einer Schüssel oder einem Glas mit kaltem Wasser bedeckt. Nach dem Einweichen werden sie durch ein Sieb abgegossen, gründlich mit kaltem Wasser abgespült und dann mit frischem Wasser weiterverarbeitet.

Eingeweichte Nüsse lassen sich im Mixer einfacher zerkleinern und sorgen für ein cremigeres Endprodukt. Da beim Einweichen auch Staub und Farbstoffe herausgespült werden, wird die Masse, zu der die Nüsse verarbeitet werden, gleichzeitig etwas heller.

Das Einweichen stößt außerdem den Keimprozess an. Dabei werden die Nährstoffe der Nüsse aktiviert und können besser vom Körper aufgenommen werden. Gleichzeitig wird ein Teil der natürlich enthaltenen Phytinsäure abgebaut und die Nüsse werden besser bekömmlich. Wer auf Phytinsäure nicht empfindlich reagiert, kann natürlich auch weiterhin knackige Nüsse knabbern.

FERMENTIEREN

Um Joghurt, Frischkäse, Quark und Co. aus Nüssen herstellen zu können, muss die Basismasse zunächst reifen. Diese Reifung nennt sich Fermentation und meint die Zersetzung durch Bakterien- oder Hefekulturen. Die Kulturen sorgen beim Reifungsprozess dafür, dass Stärkeverbindungen in kleine Zuckerbausteine und Proteine in einzelne Aminosäuren zerlegt werden. Dabei entstehen probiotische Bakterien und Kohlendioxid, die beim Verzehr unser Mikrobiom nähren und eine gute Verdauung sowie Darmgesundheit fördern.

Die Fermentation wirkt sich auch auf den Geschmack von Lebensmitteln aus und verlängert ihre Haltbarkeit. Gleichzeitig sorgt sie dafür, dass Nährstoffe und Vitamine für den Körper leichter verfügbar gemacht werden und besser verdaulich sind. Fermentierte Produkte entwickeln eine angenehme Säure (z. B. Joghurt, Quark und Frischkäse) oder sogar eine aromatische Würze (z. B. Cashew-Camembert, Miso, Tempeh und Nattō).

Nachdem man die zu fermentierende Grundmasse hergestellt hat, »impft« man diese mit einem Probiotikum, das gründlich eingearbeitet wird. Anschließend lässt man das Nussmilchprodukt bei Zimmertemperatur 8–12 Stunden reifen. Der Fermentationsprozess lässt sich anhand von Bläschen, die sich in der Masse bilden, gut beobachten. Die Nusscremebasis entwickelt dabei nicht nur einen säuerlichen Geschmack, sondern verändert auch ihre Struktur und ihr Volumen.

Wenn die Fermentation beim ersten Mal nicht gelingt oder völlig überschießt, kann das viele Gründe haben. Der Einsatz von zu wenig oder zu viel Probiotikum oder eine zu hohe oder zu niedrige Starttemperatur der Grundmasse bzw. Außentemperatur können dabei ausschlaggebende Faktoren sein. Manchmal kommt überhaupt keine Fermentation zustande, was daran liegen kann, dass die gewählte probiotische Kultur nicht potent genug war. Hier ist etwas Geduld und Übung gefragt. Mit ein wenig Erfahrung und Freude am Experimentieren lassen sich auf jeden Fall vorzügliche Ergebnisse erzielen. Also ran an die Nüsschen!

Probiotische Kulturen

Probiotika sind lebende Mikroorganismen, die vor allem Laktobazillen und Bifidobakterien enthalten und durch Flüssigkeit (Wasser) aktiviert werden können. Sie sind Teil unserer natürlichen Darmflora und auch als Nahrungsergänzungsmittel in Form von Kapseln oder Pulvern in Apotheken, Drogerien und im Onlinehandel erhältlich. Diese Präparate haben nicht nur eine positive Wirkung auf unseren Magen-Darm-Trakt, sondern eignen sich auch zur Fermentation von Nussmilchprodukten.

RÖSTEN

Um aus Nüssen, Samen und Kernen das volle Aroma, den schönsten Crunch und reichlich Umami herauszukitzeln, kann man die kleinen Kraftpakete sachte rösten.

Für die schnelle Küche geht das wunderbar während des Kochens in einer kleinen Pfanne ohne Fett. Wichtig dabei ist, die Temperatur lieber gemäßigt zu halten und dafür die Röstdauer zu verlängern – und natürlich, den Pfanneninhalt stetig zu wenden. So vermeidet man dunkle Stellen oder gar Verbrennungen auf der Unterseite, was schnell passieren kann, wenn man beim Kochen parallel mit anderen Dingen beschäftigt ist.

Energiesparender und für den täglichen Gebrauch einfacher zu handhaben, ist das Rösten auf Vorrat. Dazu heizt man den Ofen auf 120–150 °C (Umluft) vor und schiebt mehrere Bleche mit verschiedenen Nüssen, Samen und Kernen gleichzeitig hinein. Auch hier empfiehlt es sich, das Röstgut zwischendurch zu wenden und gut im Auge zu behalten, da die Bräunung von Nuss zu Nuss unterschiedlich schnell eintritt. Kokosflocken und -chips sind bereits nach etwa 10 Minuten goldbraun, Samen benötigen 12–15 Minuten, Macadamia, Paranüsse und Walnüsse 15–20 Minuten und Cashewkerne, Mandeln, Haselnüsse und Erdnüsse dürfen sogar 20–25 Minuten im Ofen bleiben.

Wenn die Nüsse und Samen goldbraun schimmern, nimmt man sie heraus und lässt sie bei Zimmertemperatur gut auskühlen. Anschließen kann man sie nach Sorten getrennt in gut verschließbaren Vorratsgläsern aufbewahren und sich nach Bedarf daran bedienen.

Ich persönlich nutze die Bleche immer doppelt und verteile z. B. auf einer Hälfte Macadamianüsse und auf der anderen Paranüsse. Das zweite Blech teilen sich Mandeln und Haselnüsse. Und zu guter Letzt schiebe ich noch eine Auflaufform mit gemischten Samen in den Ofen.

Warum rösten?

Cashewkerne erhalten durch die goldgelbe Röstung ihren besonderen Charakter. Sie werden knackiger und etwas würziger.

Erdnüsse und **Pistazien** kennen wir meist ohnehin nicht ganz naturbelassen, sondern bereits geröstet und gesalzen.

Haselnüsse entwickeln ihr typisches intensives Aroma und lassen sich nach dem Rösten aus der dünnen Fruchthaut lösen.

Kokoschips und **-flocken** entfalten beim Rösten ihr volles nussiges Aroma und sorgen für einen karibischen Duft in der Küche.

Mandeln bekommen einen milden, süßlichen Geschmack.

Paranüsse werden speckiger, **Macadamia** nussiger.

Sonnenblumenkerne, Kürbiskerne und **Sesam** werden durch das Rösten knuspriger und machen auf Salat und Gemüse einfach mehr her.

Walnüsse verlieren ihre bittere Note und gewinnen an Umami.

ZERKLEINERN

Das Zerkleinern von Nüssen, Samen und Kernen, also das Häckseln, Hacken, Mahlen und Musen, gelingt einem mit entsprechendem Küchenzubehör ganz einfach zu Hause. Aufgrund der Tatsache, dass Nüsse wie alle anderen Pflanzensamen (z. B. Getreide und Hülsenfrüchte) im gehackten und gemahlenen Zustand wegen der größeren Oberfläche schneller oxidieren und so an Nährstoffen verlieren, ziehe ich den Kauf von ganzen Nüssen vor. So kann ich selbst entscheiden, ob ich in einem Salat oder einem Curry grob gehackte Kerne verwenden möchte oder sie beim Brotbacken sogar ganz lasse, ob ich sie im Mixer fein mahle, wenn nussige Frikadellen auf dem Speiseplan stehen oder ich sie für einen Kuchen benötige.

Um Nüsse zu hacken, genügen ein Brett und ein großes Messer. Zum Häckseln können ein leistungsstarker Standmixer, ein Universalzerkleinerer, eine Küchenmaschine oder ein Stabmixer mit S-Messer-Aufsatz verwendet werden. Wer die Kerne fein mahlen oder daraus Nussmus herstellen möchte, greift am besten zu einem Hochleistungsmixer. Aber keine Angst, wer eine kleine Küche besitzt oder nicht so viele Gerätschaften um sich haben möchte, kann trotzdem alle Rezepte in diesem Buch problemlos umsetzen, da gemahlene Nüsse und Nussmus im Handel erhältlich sind und das Hacken und Häckseln auch mit Messer und Brett gut gelingt.

NUSSMUS HERSTELLEN

Wer Nussmus zubereiten möchte, muss die jeweiligen Nüsse, Samen oder Kerne zunächst rösten. Neben der farblichen Veränderung von blassem Beige zu Goldgelb findet beim Rösten auch ein struktureller Umbau statt, der später beim Mixen bewirkt, dass die Fette schneller austreten und sich verbinden. Ganz wichtig: Nach dem Rösten muss das Mahlgut unbedingt vollständig abkühlen. Eine zu frühe Weiterverarbeitung der noch warmen Nüsse führt beim Mixen zu Verklumpungen.

Sobald die Nüsse abgekühlt sind, werden sie im Hochleistungsmixer zunächst auf kleinster Stufe gehäckselt, dann fein gemahlen, bis sie beginnen, sich zu verbinden. Bei diesem Schritt setzt der Austritt von Fetten ein, was dafür sorgt, dass die Masse immer cremiger wird. Idealerweise lässt man den Mixer einfach eine Weile auf höherer Stufe laufen und drückt das Mahlgut zwischendurch immer wieder mit dem Stößel oder Löffel vom Rand nach unten. Dabei sollte man die Veränderung der Konsistenz gut im Auge behalten, um die Feinheit des Muses nach Belieben anzupassen. Wer sich also ein Nussmus mit Crunch und Struktur wünscht, unterbricht den Musvorgang zum entsprechenden Zeitpunkt. Während der letzten Minuten im Mixer kann das Mus mit etwas Meersalz, gemahlener Vanille oder anderen Gewürzen aromatisiert werden.

Nussmus hält sich wegen der gelösten Fette, die sich wie ein Schutzfilm auf die Oberfläche legen, lange frisch. Dieser verhindert die Oxidation und das Eintreten von Bakterien. Nussmus ist deshalb mehrere Monate, gut gekühlt sogar Jahre, haltbar.

Für das Musen zu Hause eignen sich Mandeln, Haselnüsse, Macadamianüsse sowie eine Mischung aus Paranuss, Cashew und Mandel besonders gut. Auch mit Walnüssen lassen sich schmackhafte Ergebnisse erzielen. Für die Verarbeitung von Nüssen, Samen und Kernen mit geringerem Fett- sowie höherem Protein- oder Schalenanteil (z. B. Erdnüssen, Cashewkernen und Saaten) benötigt man in der Regel eine professionellere Ausrüstung (wie eine Kolloidmühle oder einen Mahlstein), um ein feines, cremiges Mus herzustellen. Deshalb empfiehlt es sich, hier auf Produkte aus dem Handel zurückzugreifen.

Aufgrund seiner veränderten Fettstruktur eignet sich Nussmus in der Küche besonders gut, um in Saucen, Marinaden, Dressings und Cremes isoliertes, konzentriertes Fett zu ersetzen. So entstehen cremige Salatsaucen und Marinaden ganz ohne zusätzliches Öl oder Streichcremes und Mayonnaisen ohne reines Fett. Sie sind nicht nur ein Wohlgenuss, sondern auch besser bekömmlich und, in Maßen genossen, gut für die schlanke Linie, denn Nüsse sättigen nachhaltig und liefern alle wichtigen Begleitstoffe, um das enthaltene Fett gut verwerten zu können.

GRUNDREZEPTE FÜR NUSSMILCHPRODUKTE

Von links nach rechts: Nussparmesan, Mozzarella mit Flohsamenschalen, Mozzarella mit Tapiokastärke (unten), Cashewfrischkäse (oben), Cashewquark, Cashewjoghurt, Nussmilch

Zur Nussmilchherstellung eignen sich Mandeln, Haselnüsse und Cashewkerne besonders gut. Für Nussquark, -joghurt und -frischkäse sind vor allem Cashewkerne empfehlenswert, da sie am neutralsten schmecken. Wer Nussricotta selbst machen möchte, liegt mit Mandeln oder einer Mischung aus Cashewkernen und Macadamianüssen goldrichtig. Wer in die Herstellung von Rohkostkäse einsteigen will und sich Camembert oder eine andere Sorte vorgenommen hat, arbeitet am besten mit Cashewkernen.

Walnüsse, Pekannüsse, Paranüsse und Erdmandeln eignen sich aufgrund ihrer Struktur bzw. ihres intensiven Geschmacks nur bedingt für die Verarbeitung zu Milch, Quark und Co.

MANDEL-, HASELNUSS- UND CASHEWMILCH

FÜR 1 GROSSE FLASCHE

Zubereitungszeit
15–20 Minuten + Einweichzeit über Nacht

Küchenzubehör
Stand- oder Stabmixer, Nussmilchbeutel

Zutaten
- 100 g Mandeln, Haselnüsse oder Cashewbruch (bzw. Cashewkerne), über Nacht in Wasser eingeweicht
- 1 Prise Salz
- optional: 2 EL Ahornsirup (oder 2–3 entsteinte, über Nacht in Wasser eingeweichte Datteln)

Die Nüsse durch ein Sieb abgießen und mit kaltem Wasser abbrausen. Mit 250 ml Wasser im Mixer zunächst auf kleiner Stufe, dann mit voller Power so lange mixen, bis die Nüsse ganz fein gemahlen sind. Weitere 250 ml Wasser, Salz und optional Ahornsirup hinzufügen und erneut 30–60 Sekunden mixen. (Alternativ die Zutaten in ein großes, hohes Gefäß geben und mit dem Stabmixer gründlich pürieren.)

Die Cashewmilch kann sofort weiterverwendet oder genossen werden, da sie kaum Bestandteile enthält, die abgeseiht werden müssen. Mandel- und Haselnussmilch müssen vor dem Verzehr erst gefiltert werden. Dazu die Nussmilch über einer großen Schüssel in den Nussmilchbeutel füllen. Den Beutel verschließen und über der Schüssel kräftig auspressen. Die Milch in eine saubere Flasche füllen. Im Kühlschrank hält sie sich etwa 5 Tage.

Blitzschnell gemacht: Nussmilch in 3 Minuten

Wer am Morgen spontan Lust auf Nussmilch hat, kann sich eine schnelle Variante mixen. Dafür 5–10 g Nussmus mit 100–200 ml warmem Wasser im Mixer schaumig mixen und sofort genießen (alternativ die Zutaten in ein hohes Gefäß geben und mit dem Stabmixer durchgehen).

Nussmilchbeutel

Ein Nussmilchbeutel ist ein Passiertuch in Beutelform, das zum Abseihen von Pflanzendrinks und Co. verwendet wird. Der engmaschige Stoff aus Hanffaser oder Leinen lässt Flüssigkeiten durch und fängt Faserstoffe auf – so lässt sich die Nussmilch unkompliziert vom Trester trennen. Nussmilchbeutel sind in Unverpackt-Läden oder im Onlinehandel erhältlich. Eine günstigere Alternative sind feine Wäschenetze, die es in jedem Drogeriemarkt zu kaufen gibt.

CASHEWQUARK, -JOGHURT UND -FRISCHKÄSE

FÜR ETWA 500 G QUARK ODER FRISCHKÄSE BZW. 1 KG JOGHURT

Zubereitungszeit
15 Minuten + Einweichzeit über Nacht + 8–12 Stunden Fermentation

Küchenzubehör
Stand- oder Stabmixer

Für die Basismasse
- 400 g Cashewbruch (oder Cashewkerne, alternativ 250 g Cashews und 150 g Macadamia oder Mandeln für etwas Würze und eine körnigere Konsistenz), über Nacht in Wasser eingeweicht
- 1 TL probiotisches Pulver (z. B. OMNi-BiOTiC® oder SymbioLact®, in der Apotheke erhältlich)

Für den Quark
- Abrieb und Saft von ½ Zitrone
- 1 Prise Salz

Für den Frischkäse
- 2–3 EL helles Miso (Shiro-Miso oder Lupinen-Miso)

Die Cashews durch ein Sieb abgießen und mit kaltem Wasser abbrausen. Mit 200–300 ml Wasser im Mixer zu einer dicken Creme verarbeiten (alternativ die Zutaten in ein großes, hohes Gefäß geben und mit dem Stabmixer gründlich pürieren). Dabei zwischendurch mit dem Stößel oder Löffel durchgehen, um die Masse zu lockern. Sobald eine quarkähnliche Konsistenz erreicht ist, das probiotische Pulver gut einarbeiten. Für den **Quark** bei **(1)**, für den **Joghurt** bei **(2)** und für den **Frischkäse** bei **(3)** weitermachen.

(1) Für den Quark die Masse in ein großes, sauberes Glas füllen und lose abgedeckt bei Zimmertemperatur 8–12 Stunden fermentieren lassen. Sobald die Masse leicht säuerlich riecht und kleine Blasen sichtbar sind, das Glas verschlossen in den Kühlschrank stellen, um die Fermentation zu stoppen. Vor der Weiterverarbeitung (z. B. zu Desserts, Mozzarella oder Dips) mit Zitronenabrieb und -saft sowie Salz abrunden. Den Quark innerhalb von 4–5 Tagen verbrauchen.

(2) Für den Joghurt weitere 400–500 ml Wasser unter die Masse mixen, bis die gewünschte Konsistenz erreicht ist. In ein großes, sauberes Glas füllen und lose abgedeckt bei Zimmertemperatur 8–12 Stunden fermentieren lassen. Sobald die Masse leicht säuerlich riecht und kleine Blasen sichtbar sind, das Glas verschlossen in den Kühlschrank stellen, um die Fermentation zu stoppen. Den Joghurt innerhalb von 4–5 Tagen verbrauchen.

(3) Für den Frischkäse das Miso in die Masse einarbeiten – Miso liefert weitere probiotische Kulturen und sorgt für einen feinen, käsigen Geschmack. In ein großes, sauberes Glas füllen und lose abgedeckt bei Zimmertemperatur 8–12 Stunden fermentieren lassen. Sobald die Masse leicht säuerlich riecht und kleine Blasen sichtbar sind, das Glas verschlossen in den Kühlschrank stellen, um die Fermentation zu stoppen. Den Frischkäse innerhalb von 4–5 Tagen verbrauchen.

Tipp:

Der Frischkäse ist besonders lecker, wenn man ihn nach der Fermentation mit anderen Zutaten abrundet, z. B. so: 100 g Frischkäse mit 1 TL Zitronenabrieb, etwas Zitronensaft, 1 gehäuften TL Hefeflocken und etwas Salz in einer Schüssel verrühren.

Gewusst wie:

Probiotika sind unterschiedlich potent. Um die richtige Dosierung des jeweiligen Präparats zu ermitteln, ist es ratsam, damit ein bisschen zu experimentieren. Ist nach 8 Stunden gar nichts passiert, benötigt man ein paar Gramm mehr, macht sich die Masse nach 4 Stunden in der Küche selbstständig, sollte man es etwas vorsichtiger dosieren.

Übrigens: Mit fermentiertem Joghurt lässt sich neue Masse »impfen«. Einfach 1 EL des Joghurts unter die Basismasse mixen, dann ist die Zugabe eines Probiotikums nicht mehr nötig.

MANDELRICOTTA

FÜR 400–500 G RICOTTA

Zubereitungszeit
15 Minuten + Einweichzeit über Nacht + 8–12 Stunden Fermentation

Küchenzubehör
Stand- oder Stabmixer, Nussmilchbeutel

Zutaten
- 250 g Mandeln (oder 150 g Mandeln und 100 g Macadamia), über Nacht in Wasser eingeweicht
- 1–2 EL helles Miso (Shiro-Miso oder Lupinen-Miso)
- ½ TL probiotisches Pulver (z. B. OMNi-BiOTiC® oder SymbioLact®, in der Apotheke erhältlich)
- 2 EL Zitronensaft
- 1 Msp. gemahlene Muskatnuss
- 1 Msp. Cayennepfeffer
- Salz

Die Mandeln durch ein Sieb abgießen und mit kaltem Wasser abbrausen. In den Mixer geben und mit so viel Wasser auffüllen, dass sie fast bedeckt sind. Alles zu einer quarkähnlichen Masse vermixen (alternativ beides in ein großes, hohes Gefäß geben und mit dem Stabmixer glatt pürieren). Miso, probiotisches Pulver, Zitronensaft, Muskat und Cayennepfeffer gründlich untermixen und mit etwas Salz abschmecken.

Die Masse in den Nussmilchbeutel füllen und diesen in ein Sieb, das über einer Schüssel hängt, legen. Bei Zimmertemperatur 8–12 Stunden reifen und abtropfen lassen. Die Ricottamasse in ein großes, sauberes Glas füllen, in den Kühlschrank stellen und innerhalb von 4–5 Tagen verbrauchen.

MOZZARELLA MIT FLOHSAMENSCHALEN

FÜR 6–8 KLEINE BÄLLCHEN

Zubereitungszeit
15 Minuten + 8 Stunden Kühlzeit (+ 15 Minuten + Einweichzeit über Nacht + 8–12 Stunden Fermentation für den Cashewquark)

Küchenzubehör
Stand- oder Stabmixer

Zutaten
- 30 g fein gemahlene Flohsamenschalen
- 1 EL Shiro-Miso
- 1 EL Zitronensaft
- 2 TL Salz
- 250 g Cashewquark (Grundrezept s. S. 25)

400 ml Wasser mit Flohsamenschalen, Miso, Zitronensaft und Salz im Mixer kurz pürieren (alternativ die Zutaten in ein großes, hohes Gefäß geben und mit dem Stabmixer pürieren). Den Cashewquark dazugeben und zügig einarbeiten – die Masse wird schnell zäh. Sobald sich alles gut verbunden hat, die Masse auf 6–8 kleine, saubere Gläser verteilen und lose abgedeckt 8 Stunden in den Kühlschrank stellen, damit die Flohsamenschalen quellen können und der Mozzarella fest wird. Die Mozzarellabällchen anschließend herausnehmen und in Scheiben schneiden. Gut verschlossen im Kühlschrank aufbewahrt halten sie sich 4–5 Tage.

MOZZARELLA MIT TAPIOKASTÄRKE

FÜR 8–12 KLEINE BÄLLCHEN

Zubereitungszeit
45 Minuten + Einweichzeit über Nacht + 24 Stunden Fermentation + 20 Minuten Kühlzeit

Küchenzubehör
Stand- oder Stabmixer

Zutaten
- 150 g Cashewbruch (oder Cashewkerne), über Nacht in Wasser eingeweicht
- 300 g Seidentofu (oder Sojajoghurt)
- 1½ TL Salz + 25 g für die Salzlake
- 1 TL probiotisches Pulver (z. B. OMNi-BiOTiC® oder SymbioLact®, in der Apotheke erhältlich)
- 1–2 EL helles Miso (Shiro-Miso oder Lupinen-Miso)
- 3 EL Tapiokastärke (geschmacksneutrale Stärke aus der Maniokwurzel, im Asialaden erhältlich)
- 2 EL Zitronensaft
- 8 g Agar-Agar

Die Cashews durch ein Sieb abgießen und mit kaltem Wasser abbrausen. Mit Seidentofu, 1½ TL Salz, probiotischem Pulver, Miso und 100 ml Wasser im Mixer gründlich zu einer homogenen Creme pürieren (alternativ die Zutaten in ein großes, hohes Gefäß geben und mit dem Stabmixer pürieren). In ein großes, sauberes Glas füllen, den Deckel lose auflegen und bei Zimmertemperatur etwa 24 Stunden fermentieren lassen.

Anschließend die fermentierte Masse in eine große Schüssel geben und die Tapiokastärke und den Zitronensaft einarbeiten. Das Agar-Agar mit 120 ml Wasser in einem großen Topf verrühren, kurz aufkochen und 2–3 Minuten bei mittlerer Hitze köcheln lassen. Die vorbereitete Masse hinzufügen und weitere 6–8 Minuten unter ständigem Rühren köcheln lassen. Die Masse wird schnell zäh, umso wichtiger ist es, gut zu rühren, damit sie nicht anbrennt (leichtes Ansetzen am Boden ist normal). Vom Herd nehmen und sofort das Eiswasser vorbereiten.

Dazu reichlich Eiswürfel mit etwa 2 l Wasser in eine große Schüssel geben. Von der Mozzarellamasse mit einem Eisportionierer oder zwei großen Löffeln 8–12 Bällchen abstechen und diese für 20 Minuten ins Eiswasser geben. Währenddessen 500 ml Wasser und das restliche Salz in einem großen Gefäß verrühren. Die abgekühlten Mozzarellakugeln in ein großes, sauberes Glas setzen und mit der Salzlake übergießen. Gut verschlossen im Kühlschrank aufbewahrt halten sie sich etwa 1 Woche.

NUSSPARMESAN

FÜR 1 KLEINES GLAS

Zubereitungszeit
10 Minuten + 15–20 Minuten Backzeit + Abkühlzeit

Küchenzubehör
Standmixer oder Universalzerkleinerer

Zutaten
- je 100 g Cashewbruch (oder Cashewkerne) und Paranüsse (alternativ 200 g Cashews)
- 1–2 EL Hefeflocken
- 1 Msp. gemahlene Kurkuma
- 1 Msp. Cayennepfeffer
- 1 Prise Salz
- frisch gemahlener Pfeffer

Den Backofen auf 120–150 °C (Umluft) vorheizen. Die Nüsse auf einem Backblech verteilen und in 15–20 Minuten goldgelb rösten. Aus dem Ofen nehmen und vollständig abkühlen lassen.

Die Nüsse mit allen anderen Zutaten im Mixer (oder Universalzerkleinerer) zu einer krümeligen Masse verarbeiten. Ggf. etwas nachwürzen und in ein sauberes, verschließbares Vorratsglas füllen. Der Parmesan hält sich im Kühlschrank 10–14 Tage.

GRUNDREZEPTE FÜR DRESSINGS, MARINADEN UND SAUCEN

Salatdressing mit Nussmus (oben links), Erdnuss-Orangen-Sauce (Mitte links), Cashew-Hollandaise (unten links), Cashew-Béchamel (oben rechts), Zitronensauce mit Sesammus (Mitte rechts)

SALATDRESSING MIT NUSSMUS

FÜR 1 GROSSES GLAS

Zubereitungszeit: 5 Minuten

Küchenzubehör: Stand- oder Stabmixer

Zutaten

- 150 ml Apfelessig (alternativ Condimento bianco oder Weißweinessig)
- 100 g Nussmus nach Wahl
- 200 ml Apfelsaft (oder Wasser)
- 1 TL Senf
- 1 EL Ahornsirup (oder Agavendicksaft)
- 1 gute Prise Salz
- optional: 1 TL getrocknete (oder gehackte frische) Kräuter, etwas gehackter Knoblauch, etwas Miso, Zitronenabrieb und/oder ein paar frische Beeren – je nachdem, welcher Salat angemacht werden soll

Alle Zutaten im Mixer cremig pürieren (alternativ in ein hohes Gefäß geben und mit dem Stabmixer pürieren). In einem sauberen, verschließbaren Vorratsglas hält sich das Dressing im Kühlschrank 4–5 Tage.

ZITRONENSAUCE MIT SESAMMUS

FÜR 1 GROSSES GLAS

Zubereitungszeit: 5 Minuten

Küchenzubehör: Stand- oder Stabmixer

Zutaten

- 100 ml Zitronensaft
- 150 g Sesammus (Tahin, alternativ helles Mandelmus)
- 1 Prise Salz
- optional: etwas gemahlener Kumin (Kreuzkümmel), Currypulver, gemahlene Kurkuma und/oder Zitronenabrieb

Alle Zutaten mit 250 ml Wasser im Mixer cremig pürieren (alternativ in ein hohes Gefäß geben und mit dem Stabmixer pürieren). In einem sauberen, verschließbaren Vorratsglas hält sich die Sauce im Kühlschrank 4–5 Tage. Sie schmeckt vorzüglich zu Hummus, gebratenem Gemüse, Taboulé oder Salaten auf Getreidebasis.

CASHEW-HOLLANDAISE

FÜR ETWA 1 L HOLLANDAISE

Zubereitungszeit: 20 Minuten

Küchenzubehör: Stand- oder Stabmixer

Zutaten

- 150 g verzehrfertige weiße Bohnen (Abtropfgewicht; aus dem Glas oder der Dose)
- 150 g Cashewmus
- 20 g Hefeflocken
- 1 Msp. gemahlene Kurkuma
- ½ TL Kala Namak (Schwarzsalz, im Bioladen oder Onlinehandel erhältlich)
- Salz
- 2 EL Zitronensaft
- Abrieb von ½ Zitrone
- 2 EL Weißweinessig
- 25 g Maisstärke
- 50–100 ml spritziger, trockener Weißwein
- gemahlener weißer Pfeffer

Die Bohnen in ein Sieb geben und kalt abbrausen. Zusammen mit Cashewmus, Hefeflocken, Kurkuma, Kala Namak, 1 TL Salz, Zitronensaft und -abrieb, Weißweinessig sowie 500 ml Wasser im Mixer cremig pürieren (alternativ alle Zutaten in ein großes, hohes Gefäß geben und mit dem Stabmixer pürieren).

Die Creme in einem großen Topf unter Rühren erwärmen. Die Stärke mit etwa 5 EL Wasser in einer kleinen Schale glatt rühren. Sobald die Creme köchelt, das Stärkewasser und den Wein hinzufügen, aufkochen und bei mittlerer Hitze so lange weiterrühren, bis die Masse eindickt. Mit Wein, Salz und Pfeffer abschmecken.

Tipp:

Die Hollandaise hält sich gut verschlossen 3–4 Tage im Kühlschrank und kann zu Spargel (Rezept s. S. 69) oder als Dip zu Kartoffeln oder Ofengemüse serviert werden.

CASHEW-BÉCHAMEL

FÜR ETWA 1 L BÉCHAMEL
Zubereitungszeit: 20 Minuten
Küchenzubehör: Stand- oder Stabmixer
Zutaten
- 150 g verzehrfertige weiße Bohnen (Abtropfgewicht; aus dem Glas oder der Dose)
- 150 g Cashewmus
- 50 g Hefeflocken
- 50 g helles Miso (Shiro-Miso oder Lupinen-Miso)
- 1 Msp. gemahlene Muskatnuss
- Salz
- 2–3 EL Weißweinessig
- 2 ½ EL Tapiokastärke (geschmacksneutrale Stärke aus der Maniokwurzel, im Asialaden erhältlich; alternativ Maisstärke. Letztere bindet jedoch anders und sorgt nicht für käsige Fäden in der Sauce)
- gemahlener weißer Pfeffer

Die Bohnen in ein Sieb geben und kalt abbrausen. Mit Cashewmus, Hefeflocken, Miso, Muskat, 1 gestrichenen TL Salz, Essig und 600 ml warmem Wasser im Mixer cremig pürieren (alternativ in ein großes, hohes Gefäß geben und mit dem Stabmixer pürieren).

Die Masse in einem großen Topf unter Rühren erwärmen. Die Stärke mit etwa 5 EL Wasser in einer kleinen Schale glatt rühren. Sobald die Creme köchelt, das Stärkewasser hinzufügen, aufkochen und bei mittlerer Hitze so lange weiterrühren, bis die Masse eindickt. Mit Salz und Pfeffer abschmecken.

Tipp:
Béchamel auf Vorrat? Macht man nur, wenn man am nächsten Tag Lasagne backen und etwas Zeit sparen möchte, oder? Von wegen! Wer weiß, dass diese Béchamel auch als Käsesauce über Gratin gegossen werden kann, als Crème-fraîche-Ersatz eine Gemüsepfanne abrundet oder pur als Dip schmeckt, der hat immer welche im Kühlschrank. In einem sauberen, verschließbaren Vorratsglas hält sie sich darin 4-5 Tage.

Blitzschnell gemacht: Mac-no-Cheese-Sauce
Das Grundrezept für Cashew-Béchamel kann ganz leicht zu einer deftigen Mac-no-Cheese-Sauce abgewandelt werden. Dafür 1 Zwiebel und 2 Knoblauchzehen schälen, grob hacken und in etwas Öl in einer Pfanne goldbraun braten. Beim Pürieren der Basismasse Zwiebeln und Knoblauch sowie je 1 TL Currypulver, geräuchertes Paprikapulver und optional Liquid Smoke hinzufügen und die Sauce wie beschrieben weiterverarbeiten. Zusammen mit Makkaroni servieren.

ERDNUSS-ORANGEN-SAUCE

FÜR 1 GROSSES GLAS
Zubereitungszeit: 20 Minuten
Küchenzubehör: Stand- oder Stabmixer
Zutaten
- 1 Stück Ingwer (etwa 3 cm)
- 1 milde Peperoni
- 80 g geröstete, gesalzene Erdnüsse
- 100 g Erdnussmus
- 80 ml Tamari-Sojasauce (kräftige, dunkle Sojasoße)
- 2–3 EL Agavendicksaft (oder Reissirup)
- 1 TL Chiliflocken
- 200 ml Orangensaft
- Abrieb von 1 Orange
- optional: Reisessig

Den Ingwer in feine Stücke, die Peperoni in feine Scheiben schneiden, dabei ggf. entkernen. Die Erdnüsse grob hacken.

Erdnussmus, Tamari, Dicksaft, Chiliflocken sowie Orangensaft und -abrieb im Mixer gründlich pürieren (alternativ in ein hohes Gefäß geben und mit dem Stabmixer pürieren). Ingwer, Peperoni und Erdnüsse unterheben. Optional mit etwas Reisessig abschmecken. In einem sauberen, verschließbaren Vorratsglas hält sich die Sauce im Kühlschrank 4-5 Tage und schmeckt zu Ofenspargel (Rezept s. S. 65) oder Wok-Gemüse.

FRÜHLING

*Morgendlicher Raureif und Tautropfen auf den Wiesen,
die Natur erwacht und reckt sich vorsichtig der Sonne entgegen.
Frisches Grün und wilde Kräuter lachen uns beim Marktbesuch herausfordernd an.
Es sprosst und sprießt, und wir haben Appetit auf aromatische, vitaminreiche
Rohköstlichkeiten mit herben Bitterstoffen und sattgrünem Biss.*

Omega-3-Porridge mit Rhabarberkompott	36
Saftiges Hafer-Hirse-Brot	38
Kartoffel-Bärlauch-Streich	40
Grüne Tofu-Hanf-Pastete	41
Goldene Kurkumacreme	46
Carrot Banana Bread mit Kurkumacreme	48
Samtige Rote-Bete-Sellerie-Suppe	50
Zweierlei vom Radieschen mit grüner Polenta	54
Roher Miso-Kohlrabi mit Erdbeere	56
Sommerrollen im Frühlingsgewand	58
Ofenspargel mit Mango-Erdnuss-Salsa	64
Geröstete Möhren auf Nuss-Quinoa	66
Spargel grün-weiß mit Cashew-Hollandaise	68
Frühlingsquiche	74
Kohlrabipasta mit Cashew-Carbonara	78
Asiatische Reisnudel-Bowl mit Spargel	80
Süßes Möhren-Halva	84
Cashew-Kokos-Mousse	86

OMEGA-3-PORRIDGE MIT RHABARBERKOMPOTT

WALNUSS · HANFSAMEN · LEINÖL

Zunächst eine Hanfsamenmilch herstellen. Dazu die Hanfsamen mit 400 ml warmem Wasser in den Mixer geben und 1 Minute pürieren (alternativ in ein hohes Gefäß füllen und mit dem Stabmixer durchgehen). Die Saatenmilch muss nicht durch ein Nussmilchtuch abgeseiht werden, da die Faserstoffe der Hanfsamen im Porridge nicht stören.

Die Walnüsse grob hacken und mit Haferflocken, Leinsamen, Beeren und Salz in einer Schüssel mischen. Die warme Saatenmilch darübergeben und kurz quellen lassen.

Währenddessen das Rhabarberkompott zubereiten. Dafür die Enden des Rhabarbers entfernen, die Stangen schälen und in kleine Stücke schneiden. Den Apfel vierteln, entkernen und sehr fein würfeln. Etwas Kokosöl in einem kleinen Topf erwärmen und die Apfelwürfel darin bei mittlerer Hitze rundum anbraten. Den Zucker und die Vanille dazugeben und leicht karamellisieren lassen. Die Rhabarberstücke hinzufügen, mit etwa 2 EL Wasser ablöschen und bei geschlossenem Deckel leicht köcheln lassen, bis der Rhabarber zerfällt.

Vor dem Servieren das gequollene Porridge mit einem Schneebesen gut verrühren, damit sich die Flocken cremig verbinden. Auf vier große Gläser verteilen, jeweils mit 1 EL Leinöl und 1 EL Ahornsirup beträufeln und zusammen mit dem Rhabarberkompott servieren.

FÜR 4 PERSONEN

Zubereitungszeit
25 Minuten

Küchenzubehör
Stand- oder Stabmixer

Für das Porridge
- 4 EL geschälte Hanfsamen
- 60 g Walnüsse
- 100 g (glutenfreie) Haferflocken
- 2 EL geschrotete Leinsamen
- 4 EL getrocknete Beeren (oder anderes Trockenobst)
- 1 Prise Salz

Für das Rhabarberkompott
- 4 große Stangen Rhabarber
- 1 kleiner Apfel
- Kokosöl (oder pflanzliche Margarine)
- 1–2 EL weißer Rohrzucker
- 1 Msp. gemahlene Bourbonvanille

Außerdem
- 4 EL Leinöl
- 4 EL Ahornsirup

FRÜHLING

SAFTIGES HAFER-HIRSE-BROT

BUCHWEIZEN · PARANUSS

FÜR 1 BROT

Zubereitungszeit
20 Minuten + 45 Minuten Gehzeit + 1 Stunde Backzeit

Küchenzubehör
Handrührgerät oder Küchenmaschine, Kastenform (30 × 11 cm)

Zutaten
- 250 g (glutenfreie) Haferflocken
- 100 g Hirsemehl (oder Braunhirsemehl)
- 100 g Buchweizenmehl (oder Dinkelmehl)
- 80 g geschrotete Leinsamen
- 20 g Flohsamenschalen
- 1 EL Salz
- optional: 1 EL Brotgewürz
- 21 g frische Hefe (½ Würfel)
- 100 g Paranüsse
- optional: Olivenöl

Alle Zutaten bis auf Hefe, Paranüsse und Olivenöl in einer großen Schüssel vermischen.

600 ml lauwarmes Wasser in ein mittelgroßes Gefäß geben, die Hefe hineinbröckeln und unter Rühren auflösen. Die Mischung zu den trockenen Zutaten gießen und mit den Knethaken des Handrührgeräts (oder der Küchenmaschine) mindestens 5 Minuten zu einem geschmeidigen Teig verarbeiten. Die Paranüsse grob hacken und in den Teig kneten.

Die Kastenform mit Backpapier auskleiden. Den Teig in die Form füllen, die Oberfläche mit etwas Wasser benetzen und glatt streichen. Den Brotrohling mit einem Küchentuch abdecken und an einem warmen Ort 45 Minuten gehen lassen. Etwa 10 Minuten vor Ende der Gehzeit den Backofen auf 220 °C (Umluft) vorheizen. Eine zweite ofenfeste Form mit etwa 500 ml Wasser füllen.

Die Oberfläche des aufgegangenen Teigs optional mit etwas Olivenöl bepinseln und das Brot sowie darunter die mit Wasser gefüllte Form zügig in den Ofen schieben, damit möglichst wenig Hitze entweicht. Das Brot 5 Minuten anbacken, dann die Hitze auf 170 °C reduzieren und etwa 45 Minuten weiterbacken. Anschließend das Brot samt Backpapier aus der Form heben und weitere 10 Minuten auf dem Ofenrost backen, damit sich rundherum eine Kruste bilden kann. Aus dem Ofen nehmen und vor dem Anschneiden auf einem Kuchengitter vollständig abkühlen lassen.

KARTOFFEL-BÄRLAUCH-STREICH

CASHEW · MUSKAT

FÜR 4–6 PERSONEN

Zubereitungszeit
20 Minuten +
30–35 Minuten Garzeit

Zutaten
- 400 g mehlig kochende Kartoffeln
- Salz
- 50 g Cashewkerne
- 100 g Bärlauch (oder Schnittlauch)
- 50 g Cashewmus
- 2 EL Condimento bianco (oder milder Weißweinessig)
- 1 Prise gemahlene Muskatnuss
- frisch gemahlener Pfeffer

Rezeptbild s. S. 39

Die Kartoffeln mit etwas Salz in einen mittelgroßen Topf geben, knapp mit Wasser bedecken und bei mittlerer Hitze und geschlossenem Deckel in 30–35 Minuten weich garen. Das Wasser abgießen und die Kartoffeln ausdampfen lassen.

Währenddessen die Cashewkerne hacken und in einer kleinen Pfanne ohne Fett bei mittlerer Hitze goldbraun rösten. Den Bärlauch fein hacken. Die etwas abgekühlten Kartoffeln schälen, in eine Schüssel geben und mit einer Gabel oder einem Kartoffelstampfer zerdrücken.

Cashewmus, Condimento bianco, Muskat und etwas Salz mit den Kartoffeln vermengen. Den Bärlauch unterheben und den Streich mit einer Gabel glatt rühren. Mit Salz und Pfeffer abschmecken und mit den gerösteten Cashewkernen bestreut servieren.

Tipp:
Der Streich hält sich abgedeckt im Kühlschrank 4–5 Tage und schmeckt als Brotaufstrich ebenso gut wie als Dip zu Gemüse.

GRÜNE TOFU-HANF-PASTETE

RUCOLA · PETERSILIE · WALNUSS · TAMARI

Den Rucola und die Petersilie grob zerkleinern. Die Walnüsse grob hacken, den Tofu zerbröseln. Die Schale der Zitronen abreiben, den Saft auspressen.

Rucola, Petersilie, Walnüsse, Tofu, Zitronenschale sowie die Hälfte des -safts, Hanfsamen, Tamari, Olivenöl, Ahornsirup und Paprikapulver in den Mixer geben und mithilfe der Pulsfunktion gründlich zerkleinern, bis sich alles gut verbunden hat, aber noch nicht zu einer homogenen Creme geworden ist (alternativ alles in ein großes, hohes Gefäß geben und mit dem Stabmixer pürieren). Mit Salz, Pfeffer und ggf. Zitronensaft abschmecken.

Tipp:
Der Aufstrich hält sich abgedeckt im Kühlschrank 4–5 Tage und macht sich als Brotaufstrich ebenso gut wie als Dip zu Kartoffeln oder Ofengemüse.

FÜR 4–8 PERSONEN

Zubereitungszeit
20 Minuten

Küchenzubehör
Stand- oder Stabmixer

Zutaten
- 1 Bund Rucola
- 1 Bund frische Petersilie
- 50 g Walnüsse
- 200 g Naturtofu (oder Räuchertofu, wer es deftiger möchte)
- 2 Zitronen
- 50 g geschälte Hanfsamen
- 6 EL Tamari-Sojasauce (kräftige, dunkle Sojasoße)
- 4 EL Olivenöl
- 2 EL Ahornsirup
- 1 TL geräuchertes Paprikapulver (z. B. Pimentón de la Vera, alternativ scharfes oder edelsüßes Paprikapulver)
- Salz
- frisch gemahlener Pfeffer

Rezeptbild s. S. 39

DIE WALNUSS

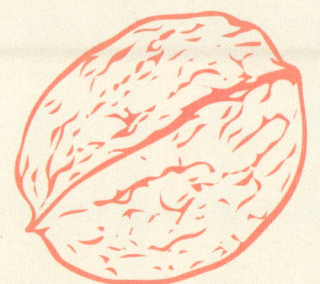

Die Walnuss – *die* Nuss schlechthin – wurde botanisch lange Zeit zu den Steinfrüchten gezählt, inzwischen ist jedoch klar: Sie ist eine Nussfrucht.

Der **Walnussbaum** ist ein sommergrüner Laubbaum, der zur Familie der Walnussgewächse gehört. Die **Echte Walnuss** ist monözisch, was bedeutet, dass der Baum sowohl männliche als auch weibliche Blüten trägt. Die männlichen Blütenstände werden rund vier Wochen vor den weiblichen Blüten reif, die Bestäubung erfolgt durch den Wind.

Der **Walnusskern** teilt sich in der Regel in zwei symmetrische Hälften und ist von einer harten Schale umschlossen. Diese besteht ebenfalls aus zwei Hälften, die durch eine wulstige Naht miteinander verbunden sind. Das dickwandige grüne Fruchtfleisch, das die Nuss während der Reifephase umschließt, verfault im Laufe der Zeit und springt auf, wenn die Nussfrucht essbar ist.

Geerntet wird die Walnuss in Mitteleuropa im September und Oktober, in Kalifornien zwischen August und November. Mitunter dauert es 10 bis 15 Jahre, bis ein Walnussbaum zum ersten Mal blüht und Früchte trägt. Zur Ernte werden die Walnüsse von den Bäumen geschüttelt, zusammengefegt und dann aufgesaugt. Während der maschinellen Reinigung werden sie komplett von den Außenschalen befreit, gewaschen und anschließend zeitintensiv getrocknet, damit kein Schimmel entsteht.

GESUNDHEITLICHER NUTZEN

Walnusskerne liefern uns bis zu 62 Prozent Fett (darunter reichlich ungesättigte Fettsäuren), etwa 15 Prozent Eiweiß sowie etwa 11 Prozent Kohlenhydrate. Besonders empfohlen werden sie, weil sie von allen Nüssen den höchsten Gehalt an Linolensäure (Omega-3-Fettsäure) aufweisen und wegen ihrer zahlreichen Tocopherole (Vitamin-E-Derivate). Wie viele andere Nüsse können sie mit einer Menge B-Vitaminen, Mineralstoffen und Spurenelementen punkten.

Der regelmäßige Verzehr von Walnüssen kann das Risiko, an Diabetes Typ 2 zu erkranken, senken. In Kombination mit Omega-3-reichem Leinöl wirken sie sich positiv auf den Zustand der Blutgefäße aus und beugen Herz-Kreislauf-Erkrankungen vor. Darüber hinaus gelten die enthaltenen Polyphenole als Radikalfänger und schützen unsere Zellen vor oxidativem Stress.

ÖKONOMISCHE HERAUSFORDERUNGEN

Verbreitet ist der Walnussbaum vor allem im Mittelmeerraum, auf der Balkanhalbinsel, in Nordamerika, in Vorder- und Zentralasien sowie in China. Auch in Süddeutschland – besonders in Weinanbaugebieten – gedeiht er gut. Walnüsse aus heimischen Gefilden sind vorwiegend auf dem Wochen- oder Bauernmarkt zu finden, in Super- und Biomärkten sind sie leider nur selten erhältlich. Der größte Teil der auf dem Weltmarkt gehandelten Walnüsse stammt aus China und den USA.

Um möglichst nachhaltig und ressourcenschonend einzukaufen, gilt es, auf biologische Erzeugung zu achten und direkt importierte Ware aus Frankreich und dem Mittelmeerraum zu bevorzugen.

VERWENDUNG IN DER KÜCHE

Die intensiv schmeckende Walnuss mit ihren leichten Bitternoten und ihrer feinen Süße kennt keine kulinarischen Grenzen. Geröstet und gesalzen verleiht sie Herbstsalaten den letzten Schliff. Verbacken in deftigen Broten oder unter würzige Kräuterpestos gemixt rundet sie mit ihrem charakteristischen Aroma das Geschmacksspektrum ab. Und auch vor Desserts und Feingebäck macht sie nicht halt. Karamellisiert gelingt ihr der nahezu perfekte Spagat zwischen herzhaft und süß. Gerade in der Weihnachtsbäckerei ist sie unverzichtbar, schafft sie es doch, Lebkuchen, Plätzchen und andere Köstlichkeiten nicht allzu süß zu machen.

Hauptanbaugebiete der Walnuss

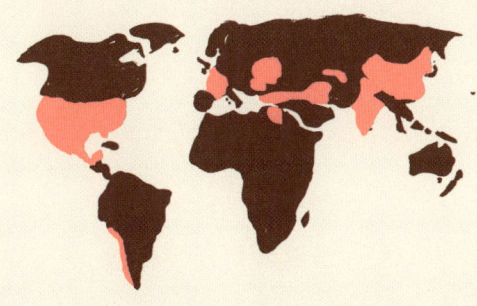

GOLDENE KURKUMACREME

CASHEW · VANILLE · ZIMT

Das Kokosöl in einem kleinen Topf erhitzen, bis es flüssig ist.

Den Cashewbruch durch ein Sieb abgießen und mit kaltem Wasser abbrausen. Zusammen mit allen anderen Zutaten in einen Mixer geben und gründlich zu einer samtigen, homogenen Creme pürieren (alternativ in ein hohes Gefäß geben und mit dem Stabmixer glatt pürieren).

FÜR 1 MITTELGROSSES GLAS

Zubereitungszeit
10 Minuten + Einweichzeit über Nacht

Küchenzubehör
Stand- oder Stabmixer

Zutaten
- 50 g Kokosöl
- 150 g Cashewbruch (oder Cashewkerne), über Nacht in Wasser eingeweicht
- 50 g Agavendicksaft
- 150 ml Reismilch
- je 1 Msp. gemahlene Kurkuma, gemahlene Bourbonvanille, gemahlene Muskatnuss, gemahlener Zimt, gemahlener Piment, Cayennepfeffer (oder 1 TL Kurkuma-Latte-Pulver)
- 1 Prise Salz

Tipp:
Die Kurkumacreme eignet sich als Brotaufstrich sowie als Topping auf dem Carrot Banana Bread (Rezept s. S. 48) oder einem warmen Porridge (Rezept s. S. 194). Abgedeckt im Kühlschrank hält sie sich etwa 5 Tage.

Blitzschnell gemacht:
süße Kurkuma-Gewürzmischung

Wie praktisch, wenn man immer eine Gewürzmischung auf Vorrat hat! 1 TL davon mit 1 Tasse Pflanzenmilch aufgekocht, ergibt eine köstliche goldene Kurkumamilch. Auch zum Abrunden und Einfärben von Frozen Cubes (Rezept s. S. 138/139) oder in ein wärmendes Porridge gerührt macht dieses Gewürz mächtig Spaß. Dafür 2 EL gemahlene Kurkuma, je 1 EL gemahlener Zimt, gemahlener Kardamom, gemahlener Ingwer und gemahlene Bourbonvanille sowie 5 EL Rohrohrzucker vermischen und in einem Vorratsglas aufbewahren.

CARROT BANANA BREAD MIT KURKUMACREME

CASHEW · ZIMT · MÖHRENSTROH

FÜR 1 BROT

Zubereitungszeit
40 Minuten + 45 Minuten Backzeit + Abkühlzeit

Küchenzubehör
Handrührgerät oder Küchenmaschine, Kastenform (30 × 11 cm)

Für Brot und Möhrenstroh
- 250 g (glutenfreies) Hafermehl
- 100 g Buchweizenmehl
- 50 g fein geschrotete Leinsamen
- 1 TL Backpulver
- ½ TL Natron
- 1½ TL gemahlener Zimt
- Salz
- 3 reife Bananen
- 300 g Möhren
- 50 g Cashewmus
- 1 Spritzer Zitronensaft (oder heller Essig)
- Kokosöl

Außerdem
- goldene Kurkumacreme nach Belieben (Rezept s. S. 47)

Den Backofen auf 180 °C (Umluft) vorheizen. Beide Mehlsorten in einer großen Schüssel mit Leinsamen, Backpulver, Natron, 1 TL Zimt und 1 Prise Salz vermischen.

Die Bananen schälen und mit einer Gabel auf einem Teller zerdrücken. Die Möhren großzügig schälen und mit einer Reibe fein raspeln, die Schalen beiseitestellen. Das Cashewmus mit 100 ml Wasser und dem Zitronensaft in einer kleinen Schüssel verrühren. Die Bananen mit der Flüssigkeit zu den trockenen Zutaten geben und mit den Quirlen des Handrührgeräts (oder der Küchenmaschine) verrühren, bis ein gleichmäßiger Teig entstanden ist. Die geraspelten Möhren unterheben. Die Kastenform mit Backpapier auskleiden, den Teig in die Form füllen und glatt streichen.

Für das Möhrenstroh etwas Kokosöl in einem kleinen Topf erwärmen, bis es flüssig ist. Die Möhrenschalen auf einem mit Backpapier ausgelegten Backblech mit Kokosöl, 1 Prise Salz sowie restlichem Zimt vermengen und verteilen. Das Blech und die Form gemeinsam in den Ofen schieben. Das Möhrenstroh etwa 10 Minuten rösten, dann wenden. Weitere 5 Minuten backen, bis es knusprig und trocken ist. Die Möhren aus dem Ofen nehmen und das Brot weitere 20 Minuten backen, bis es goldbraun ist (Stäbchenprobe machen – wenn noch Teig hängen bleibt, die Backzeit etwas verlängern). Im ausgeschalteten Ofen weitere 10 Minuten nachgaren lassen. Dann das Brot aus dem Ofen nehmen, samt Backpapier aus der Form heben und auf einem Kuchengitter abkühlen lassen.

Das Carrot Banana Bread mit der Kurkumacreme überziehen und das Möhrenstroh darüber verteilen. Zum Frühstück zu einem heißen Tee oder Kaffee genießen.

SAMTIGE ROTE-BETE-SELLERIE-SUPPE

APFEL · MEERRETTICH · SESAM · SONNENBLUMENKERN

FÜR 4 PERSONEN

Zubereitungszeit
1 Stunde

Küchenzubehör
Stand- oder Stabmixer

Rezeptbild s. S. 50/51

Den Wurzelansatz der Roten Beten entfernen. Wenn die Schale keine verwachsenen oder faserigen Stellen aufweist, kann sie mitverwendet werden, sonst schälen. Ein paar Blätter des Selleries abzupfen und für die Dekoration beiseitelegen. Kartoffeln, Zwiebel und Knoblauch schälen. Die Zwiebel und den Knoblauch fein würfen. Beten, Kartoffeln und Sellerie in große Stücke schneiden.

In einem großen Topf etwas Öl erhitzen. Zwiebeln, Knoblauch und Nelken darin anbraten, bis es duftet und alles leicht gebräunt ist. Die vorbereiteten Zutaten dazugeben und unter Rühren scharf anbraten. Mit dem Apfelsaft ablöschen, die Röstaromen vom Topfboden lösen und mit der Gemüsebrühe aufgießen. Die Hitze reduzieren, den Deckel auflegen und alles in etwa 20 Minuten gar köcheln lassen.

Währenddessen den Meerrettich schälen und fein reiben. Den Apfel vierteln, das Kerngehäuse entfernen und die Viertel in feine Stifte schneiden. Die Sonnenblumenkerne in einer kleinen Pfanne ohne Fett bei mittlerer Hitze anrösten, dann beiseitestellen.

Gewusst wie:

Es geht mir beim Mixen nicht nur um das Pürieren an sich, sondern vor allem um das Aufspalten der Zutaten – so kommen ihre charakteristischen Aromen erst richtig zur Geltung.

Den Topfinhalt in den Mixer füllen und gründlich glatt pürieren. Etwas Salz und das Sesammus hinzufügen und vermixen. (Alternativ den Topfinhalt mit dem Stabmixer gründlich pürieren.) Falls die Suppe zu dickflüssig ist, nach Belieben noch etwas heißes Wasser unterrühren. Mit Salz, Essig und ggf. etwas Sesammus abschmecken.

Die Suppe auf tiefe Teller verteilen, mit Meerrettich, Apfelstiften, Sonnenblumenkernen sowie Selleriegrün garnieren und sofort genießen.

Zutaten
- 600 g Rote Bete
- 2 Stangen Staudensellerie
- 2 kleine Kartoffeln
- 1 Zwiebel
- 1 Knoblauchzehe
- Olivenöl
- 4 Gewürznelken
- 400 ml Apfelsaft
- 500 ml Gemüsebrühe
- 1 Stück Meerrettich (etwa 2 cm)
- 1 Apfel
- 4–6 EL Sonnenblumenkerne
- Salz
- 2 EL helles Sesammus (Tahin, alternativ helles Nussmus)
- 1–2 EL Essig (oder Sojasauce)

Dazu schmeckt:
kerniges Vollkornbrot.

ZWEIERLEI VOM RADIESCHEN MIT GRÜNER POLENTA

PISTAZIE · APRIKOSE · ZITRONE

FÜR 4 PERSONEN

Zubereitungszeit
  1 Stunde

Küchenzubehör
  Stand- oder Stabmixer

Für die Polenta
- 400 ml Gemüsebrühe
- ½ TL Salz
- 200 g Polentagrieß

Für das Pesto
- 1 Zitrone
- 2 Bund Radieschen mit Blattgrün
- 4 EL Olivenöl
- 1–2 EL Mirin (süßer Reiswein)

Außerdem
- 2–4 Knoblauchzehen
- 4–8 getrocknete Aprikosen
- 50 g geschälte Pistazienkerne
- Olivenöl (oder Rapsöl)
- 2–3 EL Apfeldicksaft
- Salz
- frisch gemahlener Pfeffer

Für die Polenta die Gemüsebrühe mit dem Salz in einem mittelgroßen Topf zum Kochen bringen. Die Polenta unter Rühren einrieseln und kurz aufkochen lassen. Den Deckel auflegen und auf ausgeschalteter Herdplatte etwa 15 Minuten quellen lassen.

Währenddessen für das Pesto die Schale der Zitrone abreiben, den Saft auspressen. Das Blattgrün der Radieschen abtrennen und ⅓ der Blätter beiseitestellen. Die restlichen Blätter mit 200 ml Wasser, Zitronensaft und -abrieb, Olivenöl sowie Mirin in einen Mixer geben und fein pürieren (alternativ alles in ein hohes Gefäß geben und mit dem Stabmixer durchgehen). Das Radieschengrünpesto unter die gequollene Polenta rühren.

Die Radieschen halbieren, die Knoblauchzehen schälen und mit der flachen Seite eines Messers andrücken. Die Aprikosen in Streifen schneiden. Die Pistazien grob hacken.

Etwas Öl in einer Pfanne erhitzen. Den Knoblauch bei mittlerer Hitze anbraten, bis er duftet. Die Radieschen mit der Schnittfläche nach unten in das heiße Öl legen und scharf anbraten, bis sie leicht gebräunt sind. Die Aprikosen sowie die restlichen Radieschenblätter dazugeben und kurz mitbraten. Mit dem Apfeldicksaft ablöschen und mit etwas Salz und Pfeffer würzen. Sobald die Blätter zusammengefallen sind, alles mit der Polenta auf Tellern anrichten und mit Pistazien bestreut servieren.

ROHER MISO-KOHLRABI MIT ERDBEERE

MACADAMIA · MISO · THYMIAN

Die schönen inneren Blätter des Kohlrabigrüns in feine Streifen schneiden. Den Kohlrabi schälen und in dünne Stifte hobeln. Beides in eine mittelgroße Schüssel geben und etwas salzen. Den Stielansatz der Erdbeeren entfernen, die Beeren vierteln oder achteln. Die Thymianblätter von den Zweigen zupfen. Beides zum Kohlrabi geben.

Für das Dressing alle Zutaten mit 5 EL Wasser in einer kleinen Schüssel zu einer cremigen Sauce verrühren. Das Dressing über den Kohlrabi und die Erdbeeren geben, alles vorsichtig vermengen und den Salat auf Teller verteilen.

Die Macadamianüsse grob hacken. Die Salatportionen mit Macadamia und optional Wiesenkräutern bestreut servieren.

FÜR 4 PERSONEN

Zubereitungszeit
30 Minuten

Für den Salat
- 2 Kohlrabi mit Blattgrün
- Salz
- 250 g Erdbeeren
- 2–3 Zweige frischer Thymian

Für das Dressing
- 50 g Macadamiamus (oder anderes helles Nussmus)
- 5 EL Himbeeressig (oder anderer fruchtiger Essig)
- 2 EL Agavendicksaft
- 1 TL süßer Senf
- 1 TL helles Miso (Shiro-Miso oder Lupinen-Miso)
- Salz
- gemahlener weißer Pfeffer

Außerdem
- 100 g geröstete Macadamianüsse
- optional: essbare Wiesenkräuter zur Dekoration

Dazu schmeckt:
frisch gebackenes Baguette oder Ciabatta.

SOMMERROLLEN IM FRÜHLINGSGEWAND

RADIESCHEN · FETO · ORANGE · ERDNUSS

**FÜR 4 PERSONEN
(ETWA 12–16 ROLLEN)**

Zubereitungszeit
40 Minuten

Für den Dip
- 1 Orange
- 100 g Erdnussmus
- 2 EL Ahornsirup
- 3 EL Tamari-Sojasauce (kräftige, dunkle Sojasoße)
- 3 EL Reisessig
- 1 Peperoni
- optional: 1 Frühlingszwiebel
- 100 g geröstete, gesalzene Erdnüsse

Für die Sommerrollen
- 100 g gemischte frische Kräuter und Salate (z. B. Thai-Basilikum, Asiasalat, Pflücksalat, Rucola, Löwenzahn)
- 1 kleines Bund frischer Koriander
- 1 kleines Bund frische Minze
- 1 große Möhre
- 6 Champignons
- 8 Radieschen mit Blattgrün
- 200 g Feto (fermentierter Tofu, alternativ veganer Feta; im Bioladen erhältlich)
- Reispapierblätter

Für den Dip die Schale der Orange abreiben, den Saft auspressen. Beides zusammen mit Erdnussmus, Ahornsirup, Tamari und Reisessig in einer kleinen Schüssel verrühren.

Die Peperoni längs halbieren, ggf. entkernen und in feine Streifen schneiden. Optional die Frühlingszwiebel putzen und in feine Ringe schneiden. Die Erdnüsse grob hacken. Alle Zutaten unter die Sauce rühren. Den Dip beiseitestellen und ziehen lassen.

Für die Sommerrollen die Kräuter und Salate grob zerkleinern. Die Möhre mit einem Sparschäler in dünne Streifen hobeln. Die Champignons putzen, die Pilze und die Radieschen in dünne Scheiben schneiden. Die schönen Blätter des Radieschengrüns grob zerkleinern und zu den Kräutern geben. Den Feto quer in dünne Scheiben schneiden.

Eine große, flache Schüssel mit warmem Wasser füllen. Ein Reispapierblatt kurz hineinlegen, dann auf einem großen Teller ausbreiten. In der Mitte einige Möhrenstreifen, Pilz- und Radieschenscheiben nach Belieben auffächern. Mit einer Scheibe Feto sowie ein paar Kräutern und Salatblättern belegen. Zunächst die Seiten des Reispapierblatts über der Füllung einschlagen, dann von unten nach oben aufrollen.

Die restlichen Rollen ebenso zubereiten und zusammen mit dem Erdnuss-Peperoni-Dip genießen.

Blitzschnell gemacht: frühlingsfrischer Beilagensalat

Aus verbleibenden Kräutern, den Salat- und Gemüseresten kann ein schneller Beilagensalat zubereitet werden. Als schlichte Vinaigrette eignet sich das Dressing des Mango-Fenchel-Salats (Rezept s. S. 104). Wer alles dafür zu Hause hat, kann diesen Salat auch prima zu den Sommerrollen servieren und die übrigen Zutaten daruntermischen.

DIE
ERDNUSS

Erdnüsse sind keine Nüsse, sondern zählen zu den Hülsenfrüchten. Die englische Bezeichnung »Peanut« bringt es auf den Punkt: Erbsennuss.

Die **Erdnusspflanze** gehört zur Familie der Schmetterlingsblütler und ist verwandt mit Bohne und Erbse. Sie wächst krautig und wird bis zu 80 Zentimeter hoch. Nach der Befruchtung neigen sich die Blütenstiele nach unten und drücken die jungen Früchte in die Erde, ehe sich die Pflanze aus dem Blütenstand entwickelt. Erdnüsse wachsen also unterirdisch, obwohl sie nicht Teil der Wurzel oder Knolle sind. Zur Erntezeit werden sie in Bündeln aus dem Boden gezogen. Da sich die Schale der Frucht im reifen Zustand – im Gegensatz zu anderen Hülsenfrüchten – nicht öffnet, ist es durchaus legitim, von »Nuss« zu sprechen.

In der Samenschale befinden sich in der Regel zwei, je nach Sorte aber bis zu vier Kerne. Die **Erdnuss** selbst kann von erbsenklein und rund bis bohnengroß und oval geformt sein. Jede Nuss besteht aus zwei Fruchthälften, die durch den Keimling verbunden sind. Der Kern ist von einer rötlich braunen Fruchthaut umschlossen, die nach dem Trocknen meist abfällt. Bei ungeschälten Erdnüssen – wie sie uns beispielsweise in der Weihnachtszeit begegnen – ist diese Fruchthaut noch erhalten und wir ribbeln sie selbst mit den Fingern ab.

GESUNDHEITLICHER NUTZEN

Mit einem Eiweißgehalt von etwa 25 Prozent sind Erdnüsse die proteinreichsten aller Nüsse. Sie punkten mit einem ausgeprägten Aminosäureprofil und reichlich Lysin, das in der pflanzlichen Ernährung häufig zu kurz kommt. Um möglichst gut mit Proteinen versorgt zu sein, ist es ratsam, Hülsenfrüchte mit Getreide zu kombinieren (z. B. Brot mit Erdnussbutter oder Erdnusscurry mit Vollkornreis) – so ergänzen sich die acht essenziellen Aminosäuren ideal.

Außerdem ist die Erdnuss ein echtes Kraftpaket: Sie gehört zu den magnesiumreichsten pflanzlichen Lebensmitteln und liefert viel Kalium, Kalzium, Zink, Kupfer, Mangan und Eisen sowie Biotin, Niacin und Vitamin E.

ÖKONOMISCHE HERAUSFORDERUNGEN

Die Erdnuss ist kein regionales Produkt, obschon sie auch unter hiesigen klimatischen Bedingungen angebaut werden kann. Die größten Erdnussexporteure sind Indien, Argentinien, die USA, Senegal und Brasilien. China ist der größte Produzent weltweit, nutzt aber den Löwenanteil der erwirtschafteten Ware im eigenen Land.

Um die Erdnüsse nach der Ernte haltbar zu machen, müssen sie zunächst getrocknet werden. In nachhaltigen, fairen Kooperativen wird von Hand geerntet und in der Sonne getrocknet, um Arbeitsplätze zu schaffen und Energie zu sparen. Bei der konventionellen Erzeugung erfolgt die Ernte maschinell und die Trocknung in Industrieanlagen.

Biologisch und fair angebaute Erdnüsse fördern die Bodengesundheit in den Erzeugerländern und sichern den Kooperativen ein adäquates Einkommen. Die Produktionsgemeinschaften können zusammen entscheiden, wofür die erzielten Gewinne ausgegeben werden – z. B. für Fortbildungen zu Anbaumethoden und der Verarbeitung vor Ort.

VERWENDUNG IN DER KÜCHE

Erst nach dem Rösten erhalten Erdnüsse ihr typisches leicht erdiges, süßliches Aroma. Beim Kochen und Backen sind sie vielseitig einsetzbar und besonders in der südostasiatischen, westafrikanischen und nordamerikanischen Länderküche ein fester Bestandteil. Geröstet und gesalzen schmecken sie hervorragend in Thai-Gemüsepfannen oder fruchtig-scharfen Dips, zu Mus vermahlen verleihen sie Currys und Süßspeisen eine cremige Textur. Und die Kombination aus Erdnussmus und Banane auf dem Brot ist ohnehin unschlagbar.

Hauptanbaugebiete der Erdnuss

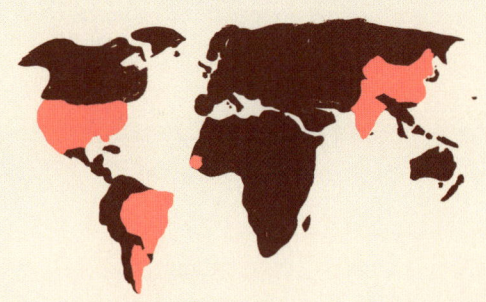

OFENSPARGEL MIT MANGO-ERDNUSS-SALSA

FRÜHLINGSZWIEBEL · PEPERONI

Für die Salsa die Frühlingszwiebeln putzen und in feine Ringe schneiden. Die Peperoni ebenfalls in feine Ringe schneiden, dabei ggf. entkernen. Die Mango würfeln. Das Erdnussmus mit Tamari, Reisessig, Ume Su und Mangopüree in einer mittelgroßen Schüssel glatt rühren. Frühlingszwiebeln, Peperoni und Mango unterheben und die Salsa durchziehen lassen.

Den Backofen auf 180 °C (Umluft) vorheizen. Die holzigen Enden des Spargels entfernen, die Stangen ggf. im unteren Drittel schälen und auf einem Backblech verteilen. Mit etwas Öl beträufeln, leicht salzen, vermengen und im Ofen in 20–25 Minuten garen.

Die Erdnüsse und optional den Koriander grob hacken. Den Ofenspargel auf Teller verteilen und zusammen mit der Mango-Erdnuss-Salsa sowie mit Erdnüssen und ggf. reichlich Koriander bestreut servieren.

Dazu schmeckt:
Basmati- oder Jasminreis.

FÜR 4 PERSONEN

Zubereitungszeit
30 Minuten +
20–25 Minuten Garzeit

Für die Salsa
- 2 Frühlingszwiebeln
- 1 Peperoni
- 50 g getrocknete Mango
- 2–3 EL crunchy Erdnussmus
- 5 EL Tamari-Sojasauce (kräftige, dunkle Sojasoße)
- 5 EL Reisessig
- 2 EL Ume Su (saure Umeboshi-Würzsauce, im Bio- oder Asialaden erhältlich)
- 100 g Mangopüree

Außerdem
- 1 kg grüner Spargel
- Erdnussöl (alternativ Olivenöl oder Rapsöl)
- Salz
- 30 g geröstete, gesalzene Erdnüsse
- optional: 1 Bund frischer Koriander

GERÖSTETE MÖHREN AUF NUSS-QUINOA

ORANGE · MÖHRENGRÜNSTROH · FENCHEL-HASELNUSS-CRUNCH

FÜR 4 PERSONEN

Zubereitungszeit
45 Minuten

Zutaten
- 1 Bund junge Möhren mit Möhrengrün
- Pflanzenöl
- Salz
- frisch gemahlener Pfeffer
- 1 TL gemahlener Kumin (Kreuzkümmel)
- 1 TL weißer Rohrzucker
- 200 g weiße Quinoa
- 50 g Haselnüsse
- 1 TL Fenchelsamen

Für die Marinade
- 1 Orange
- 2 EL Haselnussmus
- 2 EL Apfelessig (oder milder Weißweinessig)
- 1 TL Senf
- Salz
- frisch gemahlener Pfeffer

Den Backofen auf 180 °C (Umluft) vorheizen. Die Möhren vom Möhrengrün befreien, längs halbieren und mit der Schnittfläche nach oben eng nebeneinander auf ein mit Backpapier ausgelegtes Backblech setzen. Hauchdünn mit etwas Öl bepinseln, mit etwas Salz, Pfeffer und Kumin würzen. Den Zucker über die Möhren streuen, damit sie im Ofen leicht karamellisieren.

Das Möhrengrün auf ein zweites mit Backpapier ausgelegtes Backblech geben. Etwas Öl darüberträufeln, sachte einkneten, auf dem Blech ausbreiten und leicht salzen. Beide Bleche gemeinsam für 25–30 Minuten in den Ofen schieben. Das Möhrengrünstroh dabei gut im Auge behalten – es soll knusprig trocknen, aber nicht verbrennen.

Die Quinoa in ein Sieb geben und unter fließendem Wasser abbrausen, um die Bitterstoffe zu lösen. Nach Packungsangabe in einem Topf garen und quellen lassen.

Währenddessen die Haselnüsse fein hacken. Die Fenchelsamen in einer Pfanne ohne Fett bei mittlerer Hitze kurz anrösten, die Haselnüsse dazugeben und mitrösten, bis es duftet.

Für die Marinade die Schale der Orange abreiben, den Saft auspressen. Beides mit Haselnussmus, Essig und Senf in einer mittelgroßen Schüssel glatt rühren. Mit Salz und Pfeffer abschmecken.

Die fertige Quinoa mit der Marinade in der Schüssel vermengen und zusammen mit den gerösteten Möhren und dem Möhrengrünstroh auf Tellern anrichten. Mit dem Fenchel-Haselnuss-Crunch bestreut servieren.

SPARGEL GRÜN-WEISS MIT CASHEW-HOLLANDAISE

WEISSE BOHNEN · WEISSWEIN · NUSSPARMESAN

Den Backofen auf 180 °C (Umluft) vorheizen. Die holzigen Enden des Spargels entfernen, den weißen Spargel komplett, den grünen ggf. im unteren Drittel schälen. Die Stangen in etwa 5 cm große Stücke schneiden, auf ein mit Backpapier ausgelegtes Backblech geben, mit etwas Öl beträufeln, leicht salzen und vermengen. Im Ofen in 20–25 Minuten garen.

Den Ofenspargel auf Tellern anrichten und zusammen mit der Cashew-Hollandaise und etwas Nussparmesan servieren.

FÜR 4 PERSONEN

Zubereitungszeit
15 Minuten +
20–25 Minuten Garzeit
(+ 20 Minuten für die Cashew-Hollandaise + etwa 30 Minuten für den Nussparmesan)

Küchenzubehör
Stand- oder Stabmixer

Für den Spargel
- 1 kg Spargel (grün und weiß gemischt)
- Olivenöl
- Salz

Außerdem
- Cashew-Hollandaise nach Belieben (Grundrezept s. S. 30)
- Nussparmesan nach Belieben (Grundrezept s. S. 27)

Dazu schmecken:
junge Kartoffeln, Gnocchi oder Buchweizenpasta.

Blitzschnell gemacht:
Cashew-Hollandaise ohne Kochen

Wenn es mal ganz schnell gehen muss, lässt sich das Rezept auch mit einer fixen Variante der Cashew-Hollandaise aus wenigen Zutaten zubereiten: Dafür 150 g Cashewmus mit 150 ml kochendem Wasser und 50 ml Weißwein in einer mittelgroßen Schüssel glatt rühren. Mit 1 Msp. gemahlener Kurkuma färben und mit ½ TL Kala Namak, dem Saft und Abrieb von ½ Zitrone, etwas Salz, gemahlenem weißen Pfeffer sowie ggf. etwas mehr Weißwein abschmecken.

DIE PEKANNUSS

Obwohl Pekannüsse zur Familie der Walnussgewächse gehören, zählen sie aus botanischer Sicht weiterhin zu den Steinfrüchten und nicht zu den echten Nüssen.

Der **Pekannussbaum**, eine Pflanzenart der Hickory, ist ein bis zu 50 Meter hoher sommergrüner Laubbaum, der über 1000 Jahre alt werden kann und vor allem in Nordamerika heimisch ist. Wie die Walnuss trägt er sowohl weibliche als auch männliche Blüten, die Bestäubung erfolgt durch den Wind.

Jede **Pekannuss** wächst einzeln in einer grünen, zum Ende der Reifezeit vertrocknenden, ledrigen Fruchthülle. Die dünne, glatte Schale ist vollständig geschlossen und leicht zu knacken. Der Kern der Pekannuss ähnelt der Form der Walnuss und besteht ebenfalls aus zwei braunen Samenhälften. Er ist allerdings etwas schmaler als seine nussige Verwandte und hat eine weichere Konsistenz. Pekannüsse gehörten zu den Grundnahrungsmitteln der Ureinwohner*innen Nordamerikas.

GESUNDHEITLICHER NUTZEN

Pekannusskerne zählen mit ihrem recht hohen Fettgehalt von etwa 72 Prozent zwar zu den Schwergewichten unter den Nüssen, sind aber reich an einfach sowie mehrfach ungesättigten Fettsäuren und tragen zu einer ausgewogenen Mineralstoffversorgung bei. Sie liefern wertvolles pflanzliches Eiweiß (etwa 9 Prozent) und enthalten viele essenzielle Mikronährstoffe, darunter B-Vitamine, Magnesium, Zink, Kalzium, Kalium und Eisen. Von allen Nüssen haben sie das größte antioxidative Potenzial.

ÖKONOMISCHE HERAUSFORDERUNGEN

Die ursprüngliche Heimat der Pekannuss ist das südliche und zentrale Nordamerika. Auch heute stammt der Löwenanteil der weltweiten Ernte aus den USA – vornehmlich aus den Staaten Georgia, New Mexico und Texas – sowie aus Mexiko. Darüber hinaus werden Pekannussbäume u. a. in Australien, Brasilien und China sowie in Israel, Peru und Südafrika angebaut.

Wer nicht auf die Pekannuss verzichten möchte, muss also die langen Transportwege in Kauf nehmen, die die Nüsse zurücklegen, bis sie bei uns ankommen. Wie bei allen anderen Nüssen und landwirtschaftlichen Erzeugnissen sind ein biologischer Anbau und ein nachhaltiger, wertschöpfender Umgang mit den Bäumen von entscheidender Wichtigkeit.

VERWENDUNG IN DER KÜCHE

Die Pekannuss findet in der Küche vielseitige Verwendung. Aufgrund ihrer schönen Form, ihrer zarten Struktur und ihres milden, süßlichen Aromas eignet sie sich als knackige Komponente für Salate sowie Gemüsegerichte oder als Topping einer Bowl.

Auch in Backwaren und anderen süßen Speisen verzaubert sie ihre Liebhaber*innen auf vielfältige Weise, denn die Pekannuss überzeugt nicht nur in Keksen und Kuchen, sondern auch pur oder karamellisiert über Müsli, Milchreis und Grießbrei gestreut.

Hauptanbaugebiete der Pekannuss

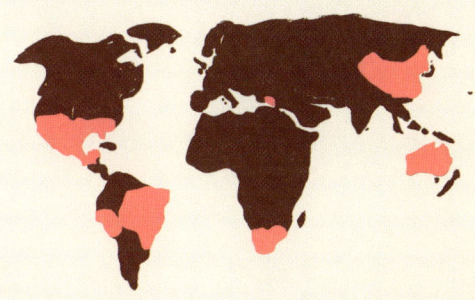

FRÜHLINGSQUICHE
KÜRBISKERN · SPINAT · FENCHEL · PEKANNUSS

FÜR 4–6 PERSONEN

Zubereitungszeit
1 Stunde + Einweichzeit über Nacht + 45–55 Minuten Backzeit

Küchenzubehör
Standmixer oder Universalzerkleinerer bzw. Stabmixer,
Springform (26–28 cm Ø)

Rezeptbild s. S. 74/75

Die Kürbiskerne und die Sonnenblumenkerne im Mixer (alternativ im Universalzerkleinerer) fein mahlen. Mit beiden Mehlsorten, Zucker, Salz und Natron in einer großen Schüssel mischen. Die Margarine in Stücke schneiden, zu den trockenen Zutaten geben und mit den Händen erst zu einem krümeligen Teig verreiben, dann verkneten. Falls der Teig zu trocken ist, 1–2 EL kaltes Wasser hinzufügen. Nicht zu lange kneten, der Teig hat die perfekte Konsistenz erreicht, wenn er leicht krümelt und Streusel bildet, aber noch nicht zusammenklebt.

Die Springform mit Backpapier auskleiden oder fetten. Den Teig in die Form geben, den Boden damit bedecken und zum Rand hin flach drücken, dabei einen kleinen Rand formen. Den Teig in der Form kalt stellen, bis alle anderen Zutaten vorbereitet sind.

Für den Guss die Schale der Zitrone abreiben, den Saft auspressen. Den Cashewbruch durch ein Sieb abgießen und mit kaltem Wasser abbrausen. Zusammen mit Zitronensaft und -abrieb, Olivenöl, 80 ml Wasser und 1 guten Prise Salz im Mixer erst vorsichtig, dann auf höchster Stufe cremig pürieren. Dabei ggf. zwischendurch mit einem Stößel oder Löffel durchgehen. Nach und nach bis zu 40 ml Wasser hinzufügen und die Maisstärke einarbeiten. Mit Salz und Chiliflocken abschmecken. (Alternativ die Zutaten in ein großes, hohes Gefäß geben und wie beschrieben mit dem Stabmixer einarbeiten.)

Den Backofen auf 170 °C (Umluft) vorheizen. Für die Füllung den Fenchel halbieren, das holzige Ende des Strunks entfernen, das Fenchelgrün abzupfen und beiseitelegen. Den Fenchel in dünne Streifen schneiden. Die Zwiebel schälen und in hauchdünne Ringe schneiden. Die Bockshornkleesamen in einer großen Pfanne in etwas Öl bei mittlerer Hitze anrösten. Wenn sie duften, den Fenchel und die Zwiebelringe dazugeben und scharf anbraten. Das Fenchelgrün und den Spinat hinzufügen, kurz zusammenfallen lassen, dann mit dem Weißwein ablöschen. Den Apfeldicksaft zugießen und alles bei mittlerer Hitze leicht karamellisieren lassen. Mit Salz und Pfeffer abschmecken.

Die Füllung auf dem gekühlten Boden verteilen, mit dem Nussguss übergießen und die Pekannüsse darauf verteilen. Im Ofen 45–55 Minuten backen, bis die Quiche goldbraun und der Guss gestockt ist. Die Quiche vor dem Anschneiden auf einem Kuchengitter etwas abkühlen lassen.

Dazu schmeckt:
ein frischer Frühlingssalat aus verschiedenen Blattsalaten und Kräutern oder roher Miso-Kohlrabi mit Erdbeere (Rezept s. S. 57).

Für den Teig
- 150 g Kürbiskerne
- 50 g Sonnenblumenkerne
- 150 g Buchweizenmehl
- 50 g Sojamehl
- 30 g Rohrohrzucker
- 1 gute Prise Salz
- 1 TL Natron
- 140 g kalte pflanzliche Margarine + ggf. etwas zum Fetten der Form

Für den Nussguss
- 1 Zitrone
- 300 g Cashewbruch (oder Cashewkerne), über Nacht in Wasser eingeweicht
- 4 EL Olivenöl
- Salz
- 20 g Maisstärke
- 1–2 Msp. Chiliflocken

Für die Füllung
- 1 Fenchelknolle
- 1 rote Zwiebel
- 1 TL Bockshornkleesamen
- Rapsöl (oder Olivenöl)
- 400 g Blattspinat
- 50 ml Weißwein (oder heller Essig)
- 1 EL Apfeldicksaft
- Salz
- frisch gemahlener Pfeffer
- 50 g Pekannüsse (alternativ Walnüsse oder Cashewkerne)

KOHLRABIPASTA MIT CASHEW-CARBONARA

MISO · TEMPEH · NUSSPARMESAN

FÜR 4 PERSONEN

Zubereitungszeit
1 Stunde (+ etwa 30 Minuten für den Nussparmesan)

Küchenzubehör
Stand- oder Stabmixer, Spiralschneider

Für die Cashew-Carbonara
- 100 g Cashewmus
- 1 EL helles Miso (Shiro-Miso oder Lupinen-Miso)
- 1 EL Ahornsirup
- 1 EL Hefeflocken
- 1 Msp. gemahlene Kurkuma
- ½ TL Kala Namak (Schwarzsalz, im Bioladen oder Onlinehandel erhältlich)
- 1 Msp. geräuchertes Paprikapulver (z. B. Pimentón de la Vera)
- Salz
- frisch gemahlener Pfeffer

Außerdem
- 4 mittelgroße Kohlrabi mit Blattgrün
- Salz
- 100 g Tempeh
- 1 Knoblauchzehe
- 1 kleine rote Zwiebel
- Bratöl
- Nussparmesan nach Belieben (Grundrezept s. S. 27)

Für die Carbonara das Cashewmus mit 200 ml Wasser, Miso, Ahornsirup, Hefeflocken, Kurkuma, Kala Namak und Paprikapulver im Mixer cremig-glatt pürieren (alternativ alle Zutaten in ein hohes Gefäß geben und mit dem Stabmixer pürieren). Für mehr »Eigeschmack« noch einen Hauch Kala Namak, für mehr Raucharoma etwas mehr Paprikapulver hinzufügen. Mit Salz und Pfeffer abschmecken.

Die zarten Blätter von den Kohlrabiknollen abzupfen (inklusive der kleinen, die mittig sitzen) und in sehr feine Streifen schneiden. Die Knollen schälen und mit dem Spiralschneider zu Spaghetti verarbeiten. Mit dem Kohlrabigrün in eine große Schüssel geben, etwas Salz darüberstreuen und vermengen.

Das Tempeh klein würfeln. Den Knoblauch und die Zwiebel schälen und ebenfalls in feine Würfel schneiden. In einer großen Pfanne etwas Öl erhitzen und die Tempeh-Würfel darin bei mittlerer Hitze rundum knusprig braten. Aus der Pfanne nehmen und beiseitestellen. Ggf. noch etwas Öl in der Pfanne erhitzen und den Knoblauch und die Zwiebeln darin bei mittlerer Hitze so lange schmoren, bis die Zwiebeln goldbraun schimmern. Die Carbonara-Sauce zu den Zutaten in die Pfanne geben und unter Rühren erwärmen.

Die Kohlrabispaghetti und -blätter vorsichtig mit den Händen ausdrücken (durch das Salz tritt Flüssigkeit aus und die Gemüsenudeln werden elastischer) und in die Carbonara-Sauce geben. Den Tempeh-Speck darüberstreuen und alles gründlich vermengen. Die Pasta auf Tellern anrichten und großzügig mit Nussparmesan bestreut servieren.

Tipp:
Das Rezept lässt sich auch mit Hartweizenpasta zubereiten. Wer beides möchte, kann Hartweizenpasta und Gemüsespaghetti miteinander kombinieren.

ASIATISCHE REISNUDEL-BOWL MIT SPARGEL

KOKOS-MISO-SCHAUM · TOFU · FRISCHE KRÄUTER

FÜR 4 PERSONEN

Zubereitungszeit
45 Minuten

Küchenzubehör
Stand- oder Stabmixer

Rezeptbild s. S. 80/81

Den Tofu mit den Händen in einer mittelgroßen Schüssel fein zerbröseln. Die Kräuter samt der Stiele sehr fein schneiden und dazugeben. Die flüssigen Zutaten für die Salsa in einer kleinen Schüssel verrühren und die Kräuter-Tofu-Mischung damit marinieren. Mit Salz und Pfeffer abschmecken.

Für die Pasta die Reisbandnudeln nach Packungsangabe zubereiten. Währenddessen die holzigen Enden des Spargels entfernen, die Stangen ggf. im unteren Drittel schälen und schräg in dünne Scheiben schneiden. Den Ingwer und die Peperoni nach Belieben schälen bzw. entkernen, beides in sehr feine Streifen schneiden. Etwas Kokosöl in einer großen Pfanne erhitzen. Spargel, Ingwer und Peperoni darin 2–3 Minuten scharf anbraten, dann in der Pfanne beiseitestellen.

Für den Kokos-Miso-Schaum alle Zutaten mit 100 ml Wasser in den Mixer geben und gründlich schaumig aufmixen (alternativ alle Zutaten in ein hohes Gefäß geben und mit dem Stabmixer schaumig pürieren).

Die Nudeln durch ein Sieb abgießen und unter die Spargelmischung heben. Den Kokos-Miso-Schaum auf tiefe Teller verteilen, die Spargelpasta daraufsetzen und zusammen mit der Salsa und mit Kokoschips bestreut servieren.

Tipp:
Der Miso-Schaum schmeckt mild und scharf zugleich, er bildet einen spannenden Kontrast zu dem knackigen Spargel, den zarten Nudeln und der würzigen Kräuter-Tofu-Salsa. Der Miso-Schaum lässt sich auch mit Erdnuss- oder Cashewmus zubereiten. Dafür die Kokosmilch durch 50 g Nussmus und 50 ml Wasser ersetzen.

Für die Salsa
- 200 g Naturtofu
- 50 g gemischte frische Kräuter (z. B. Koriander, Minze, Petersilie, Kerbel, Kresse oder Schnittlauch – für mich profitiert diese Salsa von reichlich Koriander und Minze, andere Kräuter passen aber auch)
- 2 EL Reisessig
- 2 EL Tamari-Sojasauce (kräftige, dunkle Sojasoße)
- 2 EL Ume Su (saure Umeboshi-Würzsauce, im Bio- oder Asialaden erhältlich)
- optional: Limettensaft (oder Zitronensaft)
- Salz
- frisch gemahlener Pfeffer

Für die Pasta
- 300 g Reisbandnudeln
- 300 g grüner Spargel
- 1 Stück Ingwer (etwa 3,5 cm)
- 1 große Peperoni
- Kokosöl (oder Erdnussöl)

Für den Kokos-Miso-Schaum
- 50 g helles Miso (Shiro-Miso oder Lupinen-Miso)
- 100 g Kokosmilch
- 1 Msp. Cayennepfeffer
- 1 Msp. gemahlene Bourbonvanille
- 1 Prise Salz

Außerdem
- 4 EL geröstete Kokoschips

FRÜHLING

SÜSSES MÖHREN-HALVA

KARDAMOM · VANILLE · SESAMKROKANT

FÜR 4 PERSONEN

Zubereitungszeit
25 Minuten + 20 Minuten Garzeit + 10 Minuten Abkühlzeit

Küchenzubehör
Stand- oder Stabmixer

Zutaten
- 400 g Möhren
- 1 Prise Salz
- 50 g helles Sesammus (Tahin) + etwas zum Servieren
- 4 EL Ahornsirup
- 1 Msp. gemahlene Bourbonvanille
- ½ TL gemahlener Kardamom
- 50 g Sesamsamen
- 50 g weißer Rohrzucker

Wenig Wasser in einem mittelgroßen Topf zum Kochen bringen. Die Möhren in feine Scheiben schneiden und im leicht köchelnden Wasser in 20 Minuten sehr weich garen.

Die Möhren durch ein Sieb abgießen und mit dem Salz im Mixer cremig pürieren. Das Sesammus und den Ahornsirup einarbeiten, mit Vanille sowie Kardamom abschmecken. (Alternativ die Zutaten in ein großes, hohes Gefäß geben und mit dem Stabmixer einarbeiten.) Das Halva auf Schälchen verteilen und beiseitestellen.

Für den Sesamkrokant die Sesamsamen und einen großen, mit Backpapier belegten Teller bereitstellen. Den Zucker in einer kleinen beschichteten Pfanne bei mittlerer bis starker Hitze erwärmen. Sobald der Zucker zu schmelzen beginnt (anfangs schmilzt er nur langsam, dann geht es aber sehr schnell), unter ständigem Rühren karamellisieren lassen. Wichtig: Sowohl die Pfanne als auch das flüssige Karamell sind so heiß, dass man keinen Gummischaber verwenden und nicht davon probieren sollte. Die Sesamsamen zügig unterrühren und sobald der Sesam Farbe annimmt, die Masse auf den Teller mit Backpapier geben und dünn verstreichen. Nach etwa 10 Minuten ist der Krokant fest und kann in Stücke gebrochen werden.

Den Sesamkrokant über dem Halva zerbröseln und mit jeweils 1 Klecks Sesammus servieren.

Tipp:
Das Halva schmeckt auch gekühlt sehr gut und kann prima bereits einige Stunden, sogar einige Tage im Voraus zubereitet werden. Abgedeckt im Kühlschrank hält es sich etwa 4 Tage.

CASHEW-KOKOS-MOUSSE

HOLUNDER · ZITRONE

Die Kakaobutter in einem kleinen Topf erwärmen, bis sie flüssig ist. Die Schale der Zitrone abreiben, den Saft auspressen.

Den Cashewbruch und die Kokosflocken durch ein Sieb abgießen und mit kaltem Wasser abbrausen. Zusammen mit Zitronensaft und -abrieb, Holunderblütensirup sowie zunächst 100 ml Wasser in den Mixer geben und auf hoher Stufe so lange mixen, bis die Masse stockt. Ggf. etwas mehr Wasser hinzufügen und erneut mixen. Es dauert einige Minuten, bis eine dickflüssige, quarkähnliche Creme entstanden ist. Dann auf kleiner Stufe weitermixen und die flüssige Kakaobutter einarbeiten. (Alternativ die Zutaten wie beschrieben in ein großes, hohes Gefäß geben und mit dem Stabmixer einarbeiten.)

Die Cashew-Kokos-Mousse in eine mittelgroße Schüssel füllen. Optional den Agavendicksaft hinzufügen, falls die Creme nicht süß genug schmeckt. Das Kokosmehl und das Salz mit einem Schneebesen unterrühren. Die Mousse über Nacht abgedeckt in den Kühlschrank stellen.

Zum Servieren von der Mousse mit zwei Esslöffeln Nocken abstechen. Jeweils zwei bis drei auf einen Dessertteller setzen und mit etwas Holundersirup beträufelt sowie mit Blüten bestreut genießen.

FÜR 4–6 PERSONEN

Zubereitungszeit
30 Minuten + Einweich- und Kühlzeit über Nacht

Küchenzubehör
Stand- oder Stabmixer

Zutaten
- 50 g Kakaobutter
- 1 Zitrone
- 100 g Cashewbruch (oder Cashewkerne), über Nacht in Wasser eingeweicht
- 100 g Kokosflocken, über Nacht in Wasser eingeweicht
- 3–4 EL Holunderblütensirup + etwas zum Beträufeln
- optional: 2 EL Agavendicksaft
- 100 g Kokosmehl
- 1 Prise Salz
- getrocknete essbare Blüten zur Dekoration

SOMMER

Was macht den Sommer aus?
Es ist das blitzwache Morgenlicht, das uns bereits um 5 Uhr in der Früh zwischen den Baumkronen entgegenstrahlt, die laue Abendbrise, die uns dazu einlädt, den Tisch im Freien zu decken. Der Appetit kommt erst, wenn uns die Hitze des Tages langsam verlässt. Aromatisches Sommergemüse und frische Kräuter decken unsere Tafeln. Der Duft von über dem Feuer Gegrilltem liegt in der Luft, dazu schwerer Rotwein im Glas und das Glück nicht enden wollender Tage.

Nice Cream Berry Bowl	90
Dulce de café	92
Erdmandel-Hafer-Muffins mit Kaffee-Cashew-Topping	94
Karibische Süßkartoffelsuppe	100
Bohnen-Orangen-Hummus	102
Cashew-Mozzarella auf Mango-Fenchel-Salat	104
Blumenkohl-Taboulé	106
Paprika-Aprikosen-Salat aus dem Ofen	114
Wildtomaten mit Auberginenspeck	116
Lauwarmer Zuckerschoten-Apfel-Salat	118
Gefüllte Zucchiniblüten mit Macadamia-Cashew-Ricotta	120
Hirsotto mit Artischocke	122
Rohe Zucchinipasta bolognese	126
Schokoladenküchlein mit Olivenöl	132
Kokos-Kardamom-Mousse mit Melone	134
Frozen Cashew Cubes	136

NICE CREAM BERRY BOWL

BANANE · BLAUBEERE · DATTEL · MACADAMIA

Die Bananen und die Beeren über Nacht einfrieren. Dazu die Bananen schälen und in eiswürfelgroße Stücke brechen. Zusammen mit den Beeren in einer gefrierfesten Form einfrieren. Die Datteln in etwas Wasser in einer kleinen Schüssel über Nacht einweichen.

Die gefrorenen Bananenstücke und Beeren aus dem Eisfach nehmen und kurz antauen lassen. Währenddessen die Macadamianüsse für das Topping grob hacken.

Die leicht angetauten Bananen und Beeren mit den eingeweichten Datteln samt Einweichwasser in den Mixer geben und zu einer streichbaren Eiscreme pürieren. Dabei zwischendurch mit einem Stößel oder Löffel durchgehen, um die gefrorene Masse zu lockern.

Die Nice Cream auf kleine Schalen oder Gläser verteilen und etwas ausstreichen. Mit den Macadamianüssen und Blaubeeren dekoriert servieren.

FÜR 4 PERSONEN

Zubereitungszeit
15 Minuten + Kühl- und Einweichzeit über Nacht

Küchenzubehör
Standmixer

Für die Nice Cream
· 4 sehr reife Bananen
· etwa 400 g Blaubeeren (oder Himbeeren)
· 4 Datteln, entsteint

Für das Topping
· etwa 4 EL Macadamianüsse
· etwa 4 EL Blaubeeren (oder etwa 2 EL getrocknete Cranberrys)

Gewusst wie:

Nice Cream Bowls sind ein super Sommerfrühstück oder erfrischender Snack nach Radtouren oder Wanderungen. Sie lassen sich ganz nach Belieben auch aus anderen gefrorenen Obstsorten zubereiten und mit allem bestreuen, was einem so einfällt. Einfach genial lecker!

DULCE DE CAFÉ

KAFFEE · CASHEW · KOKOS · SALZ

FÜR 1 GROSSES GLAS

Zubereitungszeit
10 Minuten

Küchenzubehör
Stand- oder Stabmixer

Zutaten
- 50 g Kokosöl
- 60 g Kokosmus
- 120 g Cashewmus (oder anderes helles Nussmus)
- 80 g Reissirup
- 1 gute Prise Salz
- ½ TL gemahlene Espressobohnen
- 1 Msp. gemahlene Bourbonvanille
- 100 ml Reismilch

Das Kokosöl mit dem Kokosmus in einer Schüssel über dem Wasserbad erwärmen und schmelzen lassen.

Das flüssige Kokosgemisch zusammen mit allen anderen Zutaten in den Mixer geben und zu einer homogenen Creme pürieren (alternativ alle Zutaten in ein hohes Gefäß geben und mit dem Stabmixer cremig pürieren). Die Creme ggf. mit etwas mehr Salz und Vanille abschmecken und in ein sauberes, verschließbares Vorratsglas füllen.

Tipp:

Das Dulce de café eignet sich als Topping für Muffins (Rezept s. S. 95), Schokoladeneis oder Pudding, schmeckt aber auch als Brotaufstrich wunderbar. Die Creme im Kühlschrank aufbewahren (dabei wird sie etwas fester) und innerhalb von 8 Tagen aufbrauchen, da sie keine konservierenden Zutaten enthält.

ERDMANDEL-HAFER-MUFFINS MIT KAFFEE-CASHEW-TOPPING

MANDEL · KIRSCHE · VANILLE

Beide Mehlsorten mit Maisstärke, Backpulver, Natron, Zucker, Salz und Vanille in einer großen Schüssel vermischen.

Die Schale der Zitrone abreiben, den Saft auspressen. Zitronenabrieb und -saft, 100 ml Hafermilch und Mandel- sowie Apfelmus zu den trockenen Zutaten geben und alles mit den Quirlen des Handrührgeräts (oder der Küchenmaschine) gut verrühren, bis ein gleichmäßiger Teig entstanden ist. Falls der Teig zu kompakt ist, die restliche Hafermilch dazugeben. Die Kirschen unterheben.

Den Backofen auf 160 °C (Umluft) vorheizen. Das Muffinblech mit Papierförmchen auslegen. Den Teig in die Förmchen füllen und 25–30 Minuten im Ofen backen, bis die Muffins leicht gebräunt sind. Die Muffins erst kurz in der Form, dann auf einem Kuchengitter vollständig abkühlen lassen.

Die abgekühlten Muffins mit etwas Dulce de café überziehen und optional mit ein paar Kaffeebohnen verziert servieren.

FÜR 12 STÜCK

Zubereitungszeit
35 Minuten + 25–30 Minuten Backzeit + Abkühlzeit

Küchenzubehör
Handrührgerät oder Küchenmaschine, Muffinblech

Für die Muffins
- 150 g Erdmandelmehl
- 150 g (glutenfreies) Hafermehl
- 40 g Maisstärke
- 1 EL Backpulver
- ½ TL Natron
- 80 g Rohrohrzucker
- 1 Prise Salz
- 1 Prise gemahlene Bourbonvanille
- 1 Zitrone
- 100–150 ml Hafermilch
- 80 g Mandelmus
- 2 EL Apfelmus
- 150 g Kirschen, entsteint (frisch oder TK)

Für das Topping
- Dulce de café (Rezept s. S. 92)
- optional: Kaffeebohnen

SOMMER

DIE
PARANUSS

Die auch als Amazonasmandel oder Brasilnuss bekannte Paranuss ist der Samen einer Kapselfrucht.

Der **Paranussbaum** gehört zu den Topffruchtbaumgewächsen und ist einer der größten Urwaldbäume Südamerikas. Er erreicht eine Höhe von bis zu 60 Meter und wächst wild vor allem im brasilianischen und bolivianischen Regenwald, in Peru sowie in Côte d'Ivoire.

Die **Paranuss** reift als einer von etwa 20 Samen in kokosnussähnlichen Kapselfrüchten. Dabei ist jede Nuss noch einmal von einer harten Schale umhüllt. Der Kern selbst hat einen länglichen, dreikantigen Körper. Bei der Reife fallen die Früchte zu Boden und werden aufgesammelt.

GESUNDHEITLICHER NUTZEN

Mit einem Fettanteil von etwa 70 Prozent zählt die Paranuss zwar zu den fettreichsten Nüssen, dafür ist sie aber eine wahre Mineralstoffbombe. Neben vielen ungesättigten Fettsäuren, die unsere Blutgefäße und das Herz-Kreislauf-System schützen, liefert sie uns eine Menge wichtiger Mikronährstoffe und Vitamine wie Phosphor, Kalium, Magnesium, Kalzium, Eisen, Zink und Vitamin E.

Besonders begehrt ist sie wegen des hohen Selengehalts. Das Spurenelement, das die Schilddrüsenfunktion und das Immunsystem unterstützt, ist in keinem anderen Lebensmittel in dieser Form enthalten. Um selenreiche Samen hervorzubringen, muss der Paranussbaum jedoch auf selenhaltigem Boden wachsen. Ist dies der Fall, genügen bereits 1 bis 3 Paranüsse pro Tag, um den Selenbedarf zu decken.

ÖKONOMISCHE HERAUSFORDERUNGEN

In den tropischen Gebieten Südamerikas fühlt sich die Paranuss am wohlsten. Nur die Prachtbiene ist kräftig genug, um sich ihren Weg durch die schweren Blütenblätter zu bahnen und so die darunterliegenden Blütenpollen zu bestäuben. Die Weiterverbreitung der Nüsse übernimmt eine im Regenwald heimische Eichhörnchenart. Aufgrund der Abhängigkeit von bestimmten Tierarten kann der Paranussbaum kaum kultiviert werden.

Zudem gedeiht der Baum sehr langsam: Bis zur ersten Blüte dauert es teilweise 12, bis zur ersten Nussfrucht sogar 20 bis 30 Jahre. Der Erntezeitraum liegt mitten in der Regenzeit, was es den Sammler*innen erschwert, zu den Bäumen vorzudringen. Die eingesammelten Nüsse werden rasch für das Trocknen vorbereitet, um Schimmelbefall zu vermeiden.

Bis die Paranuss also zu uns kommt, sind einige Hürden zu nehmen. Verbindliche, angemessene Abnahmepreise für die exotische Nuss sind absolut notwendig und fair. Der Schutz der Paranussbäume ist für die Menschen, die von der Nussernte leben, von enormer Bedeutung. Je mehr Bäume den Bewohner*innen ein verlässliches Einkommen und eine lebenswerte Zukunft sichern, desto stärker setzen sich diese Menschen für den Erhalt des Regenwaldes ein. Die Paranuss wird also zur Regenwaldretterin.

VERWENDUNG IN DER KÜCHE

Die Paranuss passt besonders gut in die herzhafte Küche. Aufgrund ihrer knackigen Textur behält sie auch in Nussbraten und Bolognese ihren Biss und sorgt für ein einzigartiges Kauerlebnis. Sie schmeckt intensiv nussig und leicht buttrig, dabei ist sie weder bitter (wie die Walnuss ab und an) noch besonders süß (wie Haselnuss oder Mandel). Als knackige Komponente und in Kombination mit anderen Nüssen macht sie aber auch in süßem Gebäck richtig Spaß.

Hauptanbaugebiete der Paranuss

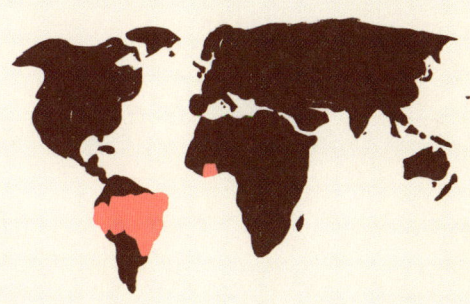

KARIBISCHE SÜSSKARTOFFELSUPPE

MANGO · PEPERONI · ERDNUSS · BANANENCHIPS

FÜR 4 PERSONEN

Zubereitungszeit
45 Minuten + 25 Minuten Garzeit

Küchenzubehör
Stand- oder Stabmixer

Für die Suppe
- 1 Stück Ingwer (etwa 4 cm)
- 1 Stück Kurkuma (etwa 4 cm)
- 200 g Petersilienwurzeln
- 600 g Süßkartoffeln
- 200 g Mango (oder 80 g getrocknete Mango, 15 Minuten in kochendem Wasser eingeweicht)
- 2 EL Kokosöl
- 1 TL gemahlener Kumin (Kreuzkümmel)
- 1 TL Currypulver
- Salz
- 2–4 EL Reisessig (oder anderer heller Essig)
- frisch gemahlener Pfeffer

Für das Topping
- 1–2 Maracuja(s) (oder ein paar Mangowürfel)
- 1 Handvoll Korianderblätter
- 1 Peperoni
- 100 g Bananenchips
- 100 g geröstete, gesalzene Erdnüsse

Für die Suppe den Ingwer und die Kurkuma in feine Stücke schneiden. Die Petersilienwurzeln und die Süßkartoffeln schälen und in Würfel schneiden. Die Mango schälen und das Fruchtfleisch würfeln.

Das Kokosöl in einem großen Topf erhitzen. Die Ingwer- und Kurkumastücke darin kurz bei mittlerer Hitze anrösten, dann die Petersilienwurzeln und die Süßkartoffeln dazugeben und mit Kumin sowie Currypulver bestäuben. Etwa 3 Minuten rundum anbraten, dann die Mango hinzufügen und mit 800 ml Wasser aufgießen. Etwas Salz dazugeben, alles aufkochen, anschließend die Hitze reduzieren und bei geschlossenem Deckel etwa 25 Minuten weich köcheln lassen.

Währenddessen für das Topping die Maracuja(s) halbieren und das Innere auslösen. Den Koriander grob hacken, die Peperoni schräg in dünne Ringe schneiden, dabei ggf. entkernen.

Den Topfinhalt in den Mixer füllen und alles glatt pürieren (alternativ den Topfinhalt mit dem Stabmixer gründlich pürieren). Die Suppe mit Reisessig, Salz und Pfeffer abschmecken und auf tiefe Teller verteilen. Jeden Teller mit Peperoni, Bananenchips, Erdnüssen, Korianderblättern und Maracujafruchtfleisch dekoriert servieren.

BOHNEN-ORANGEN-HUMMUS

SESAM · CHILI · KNOBLAUCH

Für den Hummus den Knoblauch schälen und grob zerkleinern. Die Bohnen in ein Sieb geben und kalt abbrausen. Bohnen, Reisessig sowie Orangenabrieb und -saft im Mixer sämig pürieren (alternativ die Zutaten in ein hohes Gefäß geben und mit dem Stabmixer pürieren). Olivenöl, Sesammus, Knoblauch und Chiliflocken einarbeiten und die Creme mit Ahornsirup, etwas Salz und Pfeffer abschmecken.

Den Bohnen-Orangen-Hummus in eine mittelgroße Schüssel geben, mit dem Löffelrücken schwungvoll ausstreichen und mit etwas Sesam, Chiliflocken, Schwarzkümmel und Reiscrackern dekoriert servieren.

Dazu schmeckt:
ein Glas gekühlter Weißwein oder Reiswein zum Apéro.

FÜR 4 PERSONEN

Zubereitungszeit
15 Minuten

Küchenzubehör
Stand- oder Stabmixer

Für den Hummus
- 1 Knoblauchzehe
- 240 g verzehrfertige weiße Bohnen (Abtropfgewicht; aus dem Glas oder der Dose)
- 5 EL Reisessig
- Abrieb von 1 Orange
- 100 ml Orangensaft
- 5 EL Olivenöl (oder Sesamöl)
- 80 g Sesammus (Tahin)
- ½ TL Chiliflocken (oder Cayennepfeffer)
- 1 EL Ahornsirup (oder Kokosblütenzucker)
- Salz
- frisch gemahlener Pfeffer

Für das Topping
- Sesamsamen
- Chiliflocken
- Schwarzkümmelsamen
- asiatische Reiscracker

CASHEW-MOZZARELLA AUF MANGO-FENCHEL-SALAT

RUCOLA · PEPERONI · KÜRBISKERN

FÜR 4 PERSONEN

Zubereitungszeit
30 Minuten (+ für den Mozzarella je nach Sorte 15–45 Minuten + Einweichzeit über Nacht + 8–24 Stunden Fermentation + ggf. 8 Stunden Kühlzeit)

Für den Salat
- 1 reife, aber nicht zu weiche Mango
- ½ Fenchelknolle
- 1 Peperoni
- 100 g Kürbiskerne
- 1 Bund Rucola
- 1 EL grob gemörserter fermentierter roter Kampot-Pfeffer
- 4–8 Kugeln Cashew-Mozzarella (Grundrezept für Mozzarella mit Flohsamenschalen oder Tapiokastärke s. S. 26/27)

Für das Dressing
- optional: 1 Knoblauchzehe
- 5 EL fruchtiges Olivenöl nativ extra
- 5 EL Balsamico-Essig
- 3–4 EL Ahornsirup
- Salz

Für den Salat die Mango schälen und das Fruchtfleisch mit einem Sparschäler in dünnen Streifen abziehen. Das holzige Ende des Fenchelstrunks entfernen, den Fenchel erst in sehr dünne Streifen schneiden, dann würfeln. Die Peperoni in dünne Ringe schneiden, dabei ggf. entkernen.

Die Kürbiskerne in einer kleinen Pfanne ohne Fett bei mittlerer Hitze anrösten, bis sie zu springen beginnen.

Für das Dressing optional den Knoblauch schälen und sehr fein hacken. Das Olivenöl mit Essig, Ahornsirup, etwas Salz, 5 EL Wasser und ggf. Knoblauch in einer kleinen Schüssel verrühren.

Die Mangostreifen mit Fenchel, Peperoni, Rucola und Kampot-Pfeffer in einer großen Schüssel vermengen. Mit dem Dressing übergießen, vermischen und kurz ziehen lassen. Den Mozzarella vorsichtig in Stücke zupfen oder schneiden und behutsam unter den Salat heben. Den Salat auf Teller verteilen und mit den gerösteten Kürbiskernen bestreut servieren.

Dazu schmeckt:
frisch geröstetes Brot. Der Salat lässt sich auch wunderbar auf Reisnudeln anrichten.

BLUMENKOHL-TABOULÉ

GURKE · CASHEW · THYMIAN

FÜR 4-6 PERSONEN

Zubereitungszeit
50 Minuten + 30–45 Minuten Backzeit

Küchenzubehör
Standmixer oder Universalzerkleinerer bzw. Stabmixer

Rezeptbild s. S. 106/107

Den Backofen auf 160 °C (Umluft) vorheizen. Den Blumenkohl von den Blättern und dem unteren Teil des Strunks befreien, alle ansehnlichen Blätter für die Chips beiseitelegen. Den Kohl in Röschen teilen, den oberen Teil des Strunks grob zerkleinern. Beides im Mixer (oder Universalzerkleinerer) fein häckseln, bis der Blumenkohl wie Couscous aussieht.

Die Gurke sehr fein würfeln. Die Petersilie samt der Stiele sehr fein schneiden, die Thymianblätter abzupfen. Die Schale der Zitrone abreiben, den Saft auspressen. Blumenkohl-Couscous, Gurke, Petersilie, Thymian sowie Zitronenabrieb und -saft in einer großen Schüssel vermengen. Durchziehen lassen, bis die anderen Zutaten vorbereitet sind.

Für die Marinade der Chips Olivenöl, Tamari, Ahornsirup und Salz in einer kleinen Schüssel verrühren. Ein Backblech mit etwas Öl einfetten, die Blumenkohlblätter darauf ausbreiten und hauchdünn mit etwas Marinade bepinseln. Im Ofen je nach Größe in 30–45 Minuten zu krossen Chips backen, dabei alle 10 Minuten wenden. Die restliche Marinade über das Blumenkohl-Taboulé gießen und vermischen.

Währenddessen für die Cashew-Sour-Cream den Seidentofu grob zerkleinern, den Naturtofu zerbröseln und beides im Mixer mit dem Cashewbruch pürieren. Sobald sich die Komponenten gut verbunden haben, Apfelessig, Öl und Senf dazugeben und alles 3 Minuten auf mittlerer bis höchster Stufe mixen, sodass die Masse emulgiert und eine luftige Sour Cream entsteht (alternativ die Zutaten in ein großes, hohes Gefäß geben und mit dem Stabmixer wie beschrieben verarbeiten). Die Creme mit Salz und Pfeffer abschmecken sowie optional mit Kala Namak etwas »Eigeschmack« hineinzaubern.

Das Blumenkohl-Taboulé mit den -chips auf Tellern anrichten und die Cashew-Sour-Cream großzügig dazuklecksen.

Dazu schmecken:
warme Polenta oder Kartoffeln.

Für das Taboulé
- 1 großer Blumenkohl
- 1 Salatgurke
- 2 Bund frische Petersilie
- 2–4 Zweige frischer Thymian
- 1 Zitrone

Für die Marinade
- 80 ml Olivenöl + etwas zum Fetten des Blechs
- 5 EL Tamari-Sojasoße (kräftige, dunkle Sojasoße)
- 3–4 EL Ahornsirup
- 1 TL Salz

Für die Cashew-Sour-Cream
- 200 g Seidentofu
- 100 g Naturtofu
- 100 g Cashewbruch (oder Cashewkerne)
- 2 EL Apfelessig
- 5 EL Rapsöl
- 1 TL Senf
- Salz
- frisch gemahlener Pfeffer
- optional: 1 Prise Kala Namak (Schwarzsalz, im Bioladen oder Onlinehandel erhältlich)

DIE CASHEW

Streng genommen sind Cashews keine Nüsse, sondern Steinfrüchte.

Der **Cashewbaum** gehört zur Familie der Sumachgewächse und ist ein schnellwüchsiger, immergrüner Laubbaum, der tropisches Klima liebt und Trockenperioden gut aushält.

Jeder **Cashewkern** wächst einzeln an einem dicken Fruchtstiel, der als **Cashewapfel** bezeichnet wird und dessen Form an eine umgedrehte Paprika erinnert. Ist der Cashewkern reif, verfärbt sich der Cashewapfel gelborange bis rot und duftet intensiv fruchtig und süß. Cashewäpfel schmecken süß-säuerlich und enthalten viel Vitamin C. Leider sind sie im reifen Zustand so empfindlich, dass sie nach der Ernte der Cashewfrucht nicht exportiert werden können. In den Anbauländern werden sie zu Saft, Marmelade, Schnaps oder Cajuína verarbeitet. Letzteres ist ein Getränk, dem eine gesundheitsfördernde Wirkung zugesprochen wird.

Die **Cashewfrucht** selbst, eine harte, nierenförmige »Nuss«, umschließt den Cashewkern, wie wir ihn kennen. Die dicke Fruchthaut (Schale) enthält ein hautreizendes Öl, das erst durch das Erhitzen beim Rösten abgebaut wird. Das macht den Prozess des Schälens langwierig und aufwendig.

GESUNDHEITLICHER NUTZEN

Cashewkerne sind reich an einfach und mehrfach ungesättigten Fettsäuren, die sich positiv auf das Herz-Kreislauf-System und den Cholesterinspiegel auswirken. Sie bestehen aus etwa 45 Prozent Fett, 20 Prozent Protein und 30 Prozent Kohlenhydraten.

Cashews enthalten viele wertvolle Vitamine und Mineralstoffe wie B-Vitamine, Vitamin K, Vitamin E, Magnesium und Phosphor. Besonders hervorzuheben ist ihr einzigartig hoher Gehalt an Tryptophan – einer Aminosäure, die im Körper zum Glückshormon Serotonin umgewandelt wird und somit zu unserem Wohlbefinden beiträgt.

ÖKONOMISCHE HERAUSFORDERUNGEN

Die Cashew ist kein regionales Produkt. Sie wird hauptsächlich in Côte d'Ivoire, Burundi, Tansania, Mali, Kenia, Mosambik und Nigeria sowie in Indien, Vietnam, Brasilien und auf den Philippinen angebaut. Leider ist es bei ihr wie auch bei Kaffee und Schokolade: Viel zu häufig wird die Wertschöpfungskette nicht in den Anbauländern zu Ende geführt. Die Nüsse werden den Bäuerinnen und Bauern nach der Ernte im ungeschälten Zustand günstig abgekauft und dann weiterverschifft. In Indonesien, Vietnam oder Indien werden sie in Fabriken maschinell oder von Hand von schlecht bezahlten Arbeiter*innen und unter menschenunwürdigen Bedingungen geschält. Bilder von durch das toxische Schalenöl verätzten Händen dokumentieren diese Realität.

Nach Bio- und Fairtrade-Kriterien angebaute Cashewkerne sind zwar etwas teurer, ihren Preis jedoch wert. Sie garantieren die Wertschöpfung im Anbauland, bessere Bedingungen für Produzent*innen und Umwelt sowie den Auf- und Ausbau von Infrastrukturen vor Ort.

VERWENDUNG IN DER KÜCHE

Aufgrund ihres leicht süßlichen, aber im Gegensatz zu anderen Nüssen etwas neutraleren Geschmacks eignen sich Cashewkerne besonders für die Verarbeitung zu nussigen Milchprodukten, Rohkostkuchen (Raw Cakes) sowie köstlichen Cremes und Desserts. Der ganze Kern lässt sich wunderbar verbacken oder rösten, zu Nussparmesan mahlen und über Salate streuen. Cashewmus bindet sowohl süße als auch herzhafte Saucen und cremige Dips.

Hauptanbaugebiete der Cashew

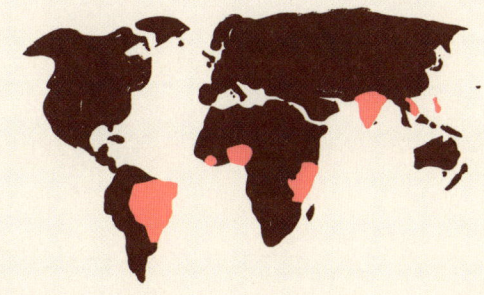

PAPRIKA-APRIKOSEN-SALAT AUS DEM OFEN

SALBEI · KAPERN · SESAM · PINIENKERN

FÜR 4 PERSONEN

Zubereitungszeit
40 Minuten

Für den Ofensalat
- 4 gelbe Paprika
- 4 Stängel frischer Salbei
- Olivenöl
- 4 Aprikosen
- 1 Zitrone
- 2 EL Kapern

Für das Dressing
- 5 EL hochwertiger gereifter Aceto balsamico
- 5 EL Olivenöl
- 2 EL Sesammus (Tahin, alternativ helles Mandelmus)
- 1 Msp. Cayennepfeffer
- ½ TL Salz
- 1 EL Aprikosenmarmelade (oder Ahornsirup)

Außerdem
- 100 g Pinienkerne
- frisch gemahlener Pfeffer

Den Backofen auf 180 °C (Umluft) vorheizen. Die Paprika halbieren, vom Strunk befreien, entkernen und in breite Streifen schneiden. Die Salbeiblätter abzupfen und mit den Paprikastreifen auf einem mit Backpapier ausgelegten Backblech verteilen. Alles mit etwas Öl beträufeln und zunächst 15 Minuten im Ofen garen.

Inzwischen die Aprikosen halbieren, entsteinen und vierteln. Die Zitrone erst in dünne Scheiben, dann in Streifen schneiden. Nach 15 Minuten Backzeit Aprikosen, Zitronenstreifen und Kapern zur Paprika aufs Blech geben und zusammen weitere 15 Minuten im Ofen garen, dann etwas abkühlen lassen.

Währenddessen für das Dressing alle Zutaten in einer kleinen Schüssel zu einer cremigen Sauce verrühren, ggf. etwas Wasser hinzufügen, falls das Dressing zu dickflüssig ist. Die Pinienkerne in einer kleinen Pfanne ohne Fett bei mittlerer Hitze leicht anrösten.

Die warmen Ofenzutaten auf einer großen Platte anrichten. Mit dem Dressing beträufeln, großzügig pfeffern und mit Pinienkernen bestreut servieren.

Dazu schmeckt:

geröstetes Brot (als Vorspeise) oder Pasta bzw. Couscous (als Hauptgericht).

WILDTOMATEN MIT AUBERGINENSPECK

PARANUSS · KNOBLAUCH · RAUCHSALZ

Die Tomaten in Stücke oder Scheiben schneiden. Optional die Zwiebel schälen und in hauchdünne Ringe schneiden oder fein hobeln. Beides auf einer großen Platte anrichten und etwas Salz und Aceto darübergeben.

Den Strunk der Aubergine entfernen, das Fruchtfleisch sehr fein würfeln. Reichlich Olivenöl in einer mittelgroßen Pfanne erhitzen. Die Auberginenwürfel darin 5–8 Minuten unter Rühren scharf anbraten, bis sie rundum gut gebräunt sind. Mit dem geräucherten Paprikapulver und dem Rauchsalz aromatisieren. Den Auberginenspeck über den Tomaten verteilen. Etwas Kampot-Pfeffer darüberstreuen und alles erneut mit etwas Aceto balsamico beträufeln. Optional mit vom Zweig gezupften Basilikumblättern garnieren.

Die Paranüsse hacken, den Knoblauch schälen und in feine Scheiben schneiden. Etwas Olivenöl in einer kleinen Pfanne erhitzen und Knoblauch und Nüsse bei mittlerer Hitze anrösten. Mit Paprikapulver und etwas Salz würzen, dann mit Tamari sowie Ahornsirup ablöschen und leicht karamellisieren lassen. Den Salat mit dem Paranuss-Knoblauch-Crunch bestreut servieren.

FÜR 4 PERSONEN

Zubereitungszeit
45 Minuten

Küchenzubehör
Stand- oder Stabmixer

Zutaten
- 800 g bunte Wildtomaten
- optional: 1 rote Zwiebel
- Salz
- hochwertiger gereifter Aceto balsamico
- 1 große Aubergine
- Olivenöl
- 1 TL geräuchertes Paprikapulver (z. B. Pimentón de la Vera)
- Rauchsalz
- grob gemörserter schwarzer Kampot-Pfeffer (oder frisch gemahlener schwarzer Pfeffer)
- optional: 5–8 Zweige frischer Basilikum
- 100 g Paranüsse
- 2 Knoblauchzehen
- ½ TL Paprikapulver
- 2 EL Tamari-Sojasauce (kräftige dunkle Sojasoße)
- 2 EL Ahornsirup

Dazu schmeckt:
Pizzabrot oder kross geröstetes Baguette.

LAUWARMER ZUCKER-SCHOTEN-APFEL-SALAT

SCHALOTTE · WALNUSS · ANIS

FÜR 4 PERSONEN

Zubereitungszeit
50 Minuten

Zutaten
- 400 g Zuckerschoten
- Salz
- 3 Schalotten
- 2 säuerliche Äpfel
- Rapsöl (oder anderes Öl zum Braten)
- 1 TL Koriandersamen
- 1 TL Anissamen
- 100 g Walnüsse
- 50 g Apfelchips
- 5 EL Apfelessig
- 5 EL Tamari-Sojasauce (kräftige dunkle Sojasoße)
- 3–4 EL Apfeldicksaft
- 5 EL Walnussöl
- 1 EL süßer Senf
- Chiliflocken
- frisch gemahlener Pfeffer
- 2–4 EL hochwertiger gereifter Traubenessig

Die Zuckerschoten putzen. Aus reiferen Schoten die Erbsen herauslösen. Reichlich Wasser in einem großen Topf zum Kochen bringen und kräftig salzen. Die Zuckerschoten und die ausgelösten Erbsen darin 3–5 Minuten blanchieren. Eine große Schüssel mit Eiswasser bereitstellen. Schoten und Erbsen durch ein Sieb abgießen und kurz in das Eiswasser geben, damit sie ihre knackig grüne Farbe behalten. Die abgekühlten Schoten und Erbsen erneut durch ein Sieb abgießen und in einer großen Schüssel beiseitestellen.

Die Schalotten schälen und achteln, die Äpfel vierteln, entkernen und in Spalten schneiden. Reichlich Rapsöl in einer großen Pfanne (oder einem Wok) erhitzen und die Koriander- sowie Anissamen kurz darin bei mittlerer Hitze anrösten. Die Schalotten dazugeben und scharf anbraten. Sobald sie braun werden, die Apfelspalten hinzufügen, alles großzügig salzen und bei mittlerer Hitze und geschlossenem Deckel 5–8 Minuten weiterbraten.

Währenddessen die Walnüsse grob hacken und in einer kleinen Pfanne ohne Fett bei mittlerer Hitze anrösten, bis sie duften und leicht gebräunt sind. Die Apfelchips etwas zerkleinern.

Apfelessig, Tamari, Dicksaft, Walnussöl und Senf in einer kleinen Schüssel zu einem Dressing verrühren. Die Apfel-Schalotten-Mischung zu den Zuckerschoten geben und mit dem Dressing übergießen. Alles vorsichtig vermengen und nach Belieben mit etwas Chiliflocken und Pfeffer abschmecken.

Die Zuckerschoten-Apfel-Mischung auf Teller verteilen, mit Walnüssen und Apfelchips bestreuen und mit Traubenessig beträufelt servieren.

GEFÜLLTE ZUCCHINIBLÜTEN MIT MACADAMIA-CASHEW-RICOTTA

PFIRSICH · MINZE

Für den Nussricotta die eingeweichten Nüsse durch ein Sieb abgießen und mit kaltem Wasser abbrausen. Die Nüsse mit etwa 100 ml Wasser im Mixer zu einer körnigen Masse verarbeiten (alternativ die Zutaten in ein hohes Gefäß geben und mit dem Stabmixer pürieren). Miso, probiotisches Pulver, Zitronensaft, Muskat und Senf untermixen und mit etwas Salz abschmecken.

Die Masse in den Nussmilchbeutel füllen und diesen in ein Sieb, das über einer Schüssel hängt, legen. Bei Zimmertemperatur 8–12 Stunden reifen und abtropfen lassen. Danach den fermentierten Nussricotta in eine mittelgroße Schüssel geben und mit Salz, Olivenöl und Weißweinessig abschmecken.

Die Pfirsiche halbieren, entkernen und in Spalten schneiden. Die Minzblätter abzupfen. Die Zucchiniblüten sehr vorsichtig öffnen, jeweils 1 guten TL Macadamia-Cashew-Ricotta hineinfüllen und sachte schließen. Reichlich Olivenöl in einer großen Pfanne erhitzen und die Pfirsichspalten darin kurz scharf anbraten. Die Hitze reduzieren und die Zucchiniblüten vorsichtig über die Pfirsiche legen und 1–2 Minuten mitbraten, sodass die Unterseite leicht bräunt, die Blüten dabei aber nicht auseinanderfallen.

Die Zucchiniblüten mit den Pfirsichen auf Teller verteilen und mit Salz und Pfeffer würzen. Mit Minze bestreut sowie mit etwas Olivenöl und Weißweinessig beträufelt servieren.

Dazu schmecken:
knusprig geröstete Baguettescheiben.

Tipp:
Falls die Zucchiniblüten nur in Verbindung mit ganzen Zucchini erhältlich sind, können die Zucchini als gefüllte Schiffchen dazugereicht oder am kommenden Tag zu Pasta verarbeitet werden (Rezept s. S. 126).

FÜR 4 PERSONEN

Zubereitungszeit
50 Minuten + Einweichzeit über Nacht + 8–12 Stunden Fermentation

Küchenzubehör
Stand- oder Stabmixer, Nussmilchbeutel

Für den Nussricotta
- 100 g Cashewbruch (oder Cashewkerne), über Nacht in Wasser eingeweicht
- 100 g Macadamianüsse, über Nacht in Wasser eingeweicht
- 2 EL Shiro-Miso
- ½ TL probiotisches Pulver (z. B. OMNi-BiOTiC® oder SymbioLact®, in der Apotheke erhältlich)
- 2 EL Zitronensaft
- 1 Prise gemahlene Muskatnuss
- ½ TL Senf
- Salz
- 1–2 EL Olivenöl
- 1–2 EL milder Weißweinessig

Außerdem
- 4 große Pfirsiche
- 1 Bund frische Minze
- 12–16 Zucchiniblüten
- Olivenöl
- Salz
- frisch gemahlener Pfeffer
- milder Weißweinessig

HIRSOTTO MIT ARTISCHOCKE

HASELNUSS-MAYONNAISE · ZITRONE · SCHWARZE SENFSAAT

FÜR 4 PERSONEN

Zubereitungszeit
1 Stunde 10 Minuten

Küchenzubehör
Stand- oder Stabmixer

Rezeptbild s. S. 122/123

Für die Mayonnaise Joghurt, Haselnussmus, Senf, Datteln, Paprikapulver, Salz und Essig in den Mixer geben und gründlich pürieren (alternativ die Zutaten in ein hohes Gefäß geben und mit dem Stabmixer pürieren). Ggf. etwas nachwürzen – die Grundmasse sollte würzig und aromatisch sein. Bei laufendem Mixer das Öl in einem dünnen Strahl zugießen, bis die Masse zu stocken beginnt. Die Mayonnaise in vier kleine Schälchen füllen und im Kühlschrank aufbewahren.

Für die Artischocken reichlich Wasser in einem großen, breiten Topf zum Kochen bringen. Die Zitrone in Scheiben schneiden und mit den Lorbeerblättern und dem Salz ins Wasser geben. Die Stielansätze der Artischocken entfernen, diese direkt unter dem Blütenboden mit einem scharfen Messer abschneiden oder mit Schwung abbrechen. Trockene Außenblätter entfernen, braune Spitzen ggf. mit einer scharfen Schere abtrennen. Die Artischockenköpfe nebeneinander in das sprudelnde Wasser setzen und 30–40 Minuten bei mittlerer Hitze und geschlossenem Deckel garen, bis sich die Blätter leicht herauszupfen lassen.

Währenddessen für das Hirsotto die Hirse in ein Sieb geben, mit heißem Wasser abbrausen und abtropfen lassen. Die Zwiebel und den Knoblauch schälen und sehr fein würfeln. Das Olivenöl in einem großen Topf erhitzen und die Senfsaat darin bei mittlerer Hitze anrösten, bis sie anfängt zu springen. Die Zwiebel- und Knoblauchwürfel dazugeben und scharf anschwitzen, dann die Hirse hinzufügen und unter Rühren mitrösten, bis sie am Boden anzusetzen beginnt. Mit dem Weißwein ablöschen, die Röstaromen vom Boden lösen und alles leicht salzen. Mit $1/3$ der Gemüsebrühe aufgießen, das Hirsotto aufkochen, dann die Hitze reduzieren und unter gelegentlichem Rühren leicht köcheln lassen. Immer wieder Brühe nachgießen, sobald die Flüssigkeit aufgesogen wurde. Weiterköcheln lassen, bis die Hirse gar ist.

Die Artischocken aus dem Wasser heben und etwas abtropfen lassen. Die Haselnüsse grob hacken, die Zitrone vierteln. Das Hirsotto auf Tellern anrichten, leicht pfeffern und mit den Haselnüssen bestreuen. Die Artischocken danebensetzen, mit etwas Zitronensaft beträufeln und mit je einem Schälchen Mayonnaise servieren.

Für die Haselnuss-Mayonnaise
- 200 g Sojajoghurt
- 50 g Haselnussmus
- 1 TL scharfer Senf
- 2 Medjool-Datteln, entsteint
- 1 Prise geräuchertes Paprikapulver (z. B. Pimentón de la Vera)
- 1 TL Salz
- 2 EL Apfelessig (alternativ milder Weißweinessig oder Zitronensaft)
- 100 ml neutrales Pflanzenöl

Für die Artischocken
- 1 Zitrone
- 2–4 Lorbeerblätter
- 1 TL Salz
- 4 große Artischocken

Für das Hirsotto
- 300 g Goldhirse
- 1 kleine Zwiebel
- 1 Knoblauchzehe
- 2–4 EL Olivenöl
- 1 TL schwarze Senfsaat
- 100 ml Weißwein
- Salz
- 600–800 ml Gemüsebrühe (oder Wasser)

Außerdem
- 50 g geröstete Haselnüsse
- 1 Zitrone
- frisch gemahlener Pfeffer

ROHE ZUCCHINIPASTA BOLOGNESE

FENCHEL · MÖHRE · PEKANNUSS · SONNENBLUMENKERN

FÜR 4 PERSONEN

Zubereitungszeit
40 Minuten (+ etwa 30 Minuten für den Nussparmesan)

Küchenzubehör
Spiralschneider, Stand- oder Stabmixer

Zutaten
- 2–4 feste Zucchini (400–600 g)
- Salz
- optional: etwas Zitronensaft
- 100 g Sonnenblumenkerne
- 100 g Kichererbsen (Abtropfgewicht; aus dem Glas oder der Dose)
- ½ Fenchelknolle (oder 3 Stangen Staudensellerie)
- 1 Möhre
- 4 saftige Tomaten (etwa 400 g)
- je 1 Zweig frischer Oregano, Majoran, Rosmarin und Thymian
- 50 g Tomatenmark
- 2 EL Tamari-Sojasauce (kräftige, dunkle Sojasoße)
- 5 EL Olivenöl
- 2 EL Ahornsirup
- 50 g Pekannüsse
- frisch gemahlener Pfeffer
- Nussparmesan nach Belieben (Grundrezept s. S. 27)
- 1 Handvoll frische Basilikumblätter

Die Zucchini mit dem Spiralschneider zu Spaghetti verarbeiten. In eine große Schüssel geben, etwas salzen, optional mit dem Zitronensaft beträufeln und vermengen, dann beiseitestellen.

Die Sonnenblumenkerne in einer kleinen Pfanne ohne Fett bei mittlerer Hitze anrösten. Die Kichererbsen in ein Sieb geben und kalt abbrausen. Das holzige Ende des Fenchels abschneiden, den Fenchel und die Möhre sehr fein würfeln oder raspeln. Die Tomaten grob zerkleinern. Die Blätter und Nadeln der Kräuter abzupfen.

Die Tomaten mit Tomatenmark, Tamari, Öl und Ahornsirup im Mixer zu einer Sauce pürieren. Sonnenblumenkerne, Kichererbsen, Gemüse, abgezupfte Kräuter sowie Pekannüsse hinzufügen und mithilfe der Pulsfunktion zu einer stückigen Bolognese-Sauce verarbeiten. (Alternativ die Zutaten wie beschrieben in ein großes, hohes Gefäß geben und mit dem Stabmixer verarbeiten.) Mit Salz und Pfeffer abschmecken.

Die Zucchininudeln sollten inzwischen Wasser gezogen haben und viel flexibler sein. Die Zucchinipasta durch ein Sieb abgießen und portionsweise mit etwas Bolognese-Sauce in einer großen Schüssel vermengen. Auf Tellern anrichten und jede Portion mit etwas mehr Sauce, Nussparmesan und Basilikumblättern servieren.

Tipp:

Das Wasser der Kichererbsen (Aquafaba) beim Abgießen auffangen und kalt stellen, denn es ist ein prima Ersatz für Eischnee. Mit dem Handrührgerät (oder der Küchenmaschine) lässt es sich zu »Kicherschnee« aufschlagen, der mit geschmolzener dunkler Schokolade zu Mousse au Chocolat oder mit hellem Nussmus zu einer Kokos-Kardamom-Mousse (Rezept s. S. 134) verarbeitet werden kann.

DIE ERDMANDEL

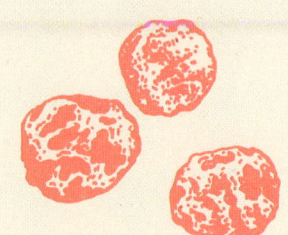

Die Erdmandel, auch unter dem Namen Tigernuss oder Chufa bekannt, ist botanisch gesehen keine Nuss, sondern die Knolle eines Grasgewächses.

Die **Erdmandelpflanze** gehört zur Familie der Zypergräser, eine Gattung der Sauergrasgewächse. Die krautige Pflanze wird etwa 60 Zentimeter groß und ist in den Tropen und Subtropen bis nach Nordamerika heimisch.

Die **Erdmandeln** selbst wachsen als knollige Verdickungen der Wurzelausläufer unter der Erde. Die erbsengroßen runden und stark ölhaltigen braunen Knollen werden nach der Ernte gereinigt und etwa drei Monate getrocknet, bevor sie als ganze Nüsse oder gemahlen in den Handel kommen.

GESUNDHEITLICHER NUTZEN

Der Fettgehalt der Erdmandel liegt mit etwa 25 Prozent weit unter dem aller anderen Nüsse. Selbst die Erdnuss – eine Hülsenfrucht – besteht zu fast 50 Prozent aus Fett.

Erdmandeln liefern neben vielen ungesättigten Fettsäuren wertvolle Kohlenhydrate und jede Menge Ballaststoffe. Ihr hoher Ballaststoffanteil macht die Erdmandel zum Präbiotikum, da sie sich günstig auf die Verdauung auswirkt. Sie strotzt zudem vor zahlreichen Mikronährstoffen wie Vitamin C und E sowie Kalium, Eisen, Magnesium und Zink.

ÖKONOMISCHE HERAUSFORDERUNGEN

Die Erdmandel stammt ursprünglich vermutlich aus dem Mittelmeergebiet und Westasien. Heute wird das Grasgewächs vor allem in Südeuropa – besonders in der spanischen Region Valencia – sowie in Nord- und Westafrika kultiviert. Die Erdmandel benötigt sandigen, kalkarmen Lehmboden und ein mildes Klima. Darüber hinaus ist sie relativ anspruchslos. So hat sie inzwischen ihren Weg in sämtliche Länder und Breitengrade gefunden und besitzt das Potenzial, heimische Pflanzen zu verdrängen. Manch ein*e Botaniker*in nennt sie das schlimmste Unkraut überhaupt.

In Deutschland findet man die Erdmandel im Oberrheingebiet und im Alpenvorland, allerdings ist es fraglich, ob sie reife Samen hervorbringen kann. Da sie in manchen Ländern derart Wurzeln geschlagen hat und für heimische Pflanzenarten zur Bedrohung geworden ist, steht sie beispielsweise in der Schweiz auf der Schwarzen Liste der Neophyten und wird in den Niederlanden als Ackerunkraut bekämpft.

VERWENDUNG IN DER KÜCHE

Als regionale Spezialität ist die Horchata de chufa, eine süße Erdmandelmilch, vor allem in Spanien sehr beliebt. Im Handel sind Erdmandeln meist in Form von Flocken oder Mehl erhältlich. Dank ihrer leicht süßlichen, vanilleartigen Note, die an Mandeln erinnert, eignet sich die Erdmandel gut zum Backen und schmeckt hervorragend in süßen Teigen – beispielsweise in Bananenbroten und Kuchen. Auch Müsli peppt sie mit ihrem mildnussigen Aroma auf.

Hauptanbaugebiete der Erdmandel

SCHOKOLADENKÜCHLEIN MIT OLIVENÖL

ERDMANDEL · GRAPEFRUIT

Erdmandelmehl, Maisstärke, Backpulver und Salz in einer mittelgroßen Schüssel mischen. Die Förmchen mit Olivenöl einfetten. Den Backofen auf 170 °C (Umluft) vorheizen.

Die Schokolade in kleine Stücke brechen oder hacken und in einer Schüssel über dem Wasserbad schmelzen. Die flüssige Schokolade zusammen mit dem Olivenöl und der Pflanzenmilch in einer großen Schüssel mit den Quirlen des Handrührgeräts (oder der Küchenmaschine) verrühren. Die trockenen Zutaten hinzufügen und alles zu einem glatten Teig vermixen. Den Teig in die Förmchen füllen und im Ofen etwa 20 Minuten backen.

Währenddessen die Grapefruit filetieren. Dazu die Grapefruit so schälen, dass die weiße Haut mitentfernt wird. Danach die Grapefruitfilets zwischen den dünnen Trennhäutchen keilförmig herausschneiden.

Die Schokoladenküchlein auf einem Kuchengitter kurz etwas abkühlen lassen, dann die Förmchen auf Dessertteller verteilen und noch warm mit Grapefruitfilets und optional etwas veganem Vanilleeis servieren.

FÜR 8 STÜCK

Zubereitungszeit
30 Minuten + 20 Minuten Backzeit

Küchenzubehör
Handrührgerät oder Küchenmaschine, 8 kleine Backförmchen

Zutaten
- 120 g Erdmandelmehl
- 40 g Maisstärke
- 2 TL Weinsteinbackpulver
- 1 Prise Salz
- 60 ml Olivenöl + etwas zum Fetten der Förmchen
- 200 g Zartbitterschokolade
- 100 ml Pflanzenmilch
- 1 Grapefruit
- optional: veganes Vanilleeis

SOMMER

KOKOS-KARDAMOM-MOUSSE MIT MELONE

MANDEL · VANILLE · KAFFEEKROKANT

FÜR 4–8 PERSONEN

Zubereitungszeit
1 Stunde + Kühlzeit über Nacht

Küchenzubehör
Handrührgerät oder Küchenmaschine, Stand- oder Stabmixer

Für die Mousse
- 150 ml Kichererbsenwasser (entspricht dem Wasser, das in 1 Dose Kichererbsen enthalten ist)
- 50 g Kokosmus
- 50 g Kokosöl
- 50 g Kakaobutter
- 200 g Sojajoghurt
- 200 g Seidentofu
- 50 g helles Mandelmus (oder Macadamiamus)
- 1 TL gemahlener Kardamom
- 1 Prise gemahlene Bourbonvanille
- 1 Prise Salz
- 50 g Agavendicksaft
- 2 TL Johannisbrotkernmehl

Für den Kaffeekrokant
- 50 g Kaffeebohnen
- 50 g weißer Rohrzucker
- ½ TL gemahlener Zimt

Für die Melone
- 1 Cantaloupe-Melone
- 1 Prise gemahlene Bourbonvanille
- etwas Zitronenabrieb

Das Kichererbsenwasser in einer großen Schüssel mit den Quirlen des Handrührgeräts (oder der Küchenmaschine) zu einer steifen Masse schlagen. Das Kokosmus mit dem Kokosöl und der Kakaobutter in einer Schüssel über dem Wasserbad erwärmen und schmelzen lassen.

Joghurt, Tofu und Mandelmus in den Mixer geben und gründlich pürieren. Mit Kardamom, Vanille, Salz und Dicksaft abschmecken, dann das Kokos-Kakaobutter-Gemisch hineinmixen. Wenn sich alles gut verbunden hat, das Johannisbrotkernmehl einarbeiten. (Alternativ die Zutaten wie beschrieben in ein großes, hohes Gefäß geben und mit dem Stabmixer zu einer Creme verarbeiten.) Die Creme in eine große Schüssel füllen und den Kichererbsenschnee vorsichtig unterheben, dann über Nacht in den Kühlschrank stellen.

Für den Krokant die Kaffeebohnen grob hacken oder mörsern und einen großen, mit Backpapier belegten Teller bereitstellen. Den Zucker in einer mittelgroßen beschichteten Pfanne bei mittlerer bis starker Hitze erwärmen. Sobald der Zucker zu schmelzen beginnt, die Kaffeebohnen und den Zimt dazugeben und unter Rühren weitererhitzen, bis sich der flüssige Zucker wie ein Mantel um die Bohnen gelegt hat und leicht gebräunt ist. Die Masse auf den Teller mit Backpapier geben und dünn verstreichen. Nach etwa 10 Minuten ist der Krokant fest und kann in Stücke gebrochen werden.

Für die Melone die Cantaloupe halbieren, entkernen und das Fruchtfleisch erst aus der Schale, dann in kleine Würfel schneiden. Die Melonenwürfel mit der Vanille und dem Zitronenabrieb in einer mittelgroßen Schüssel vermischen. Die Melonenwürfel auf Gläser oder Schälchen verteilen, jeweils einige Löffel der Mousse daraufsetzen und mit Krokantstücken dekoriert servieren.

FROZEN CASHEW CUBES

BEERE · DATTEL · MANDEL · KOKOS

FÜR 16 STÜCK

Zubereitungszeit
50 Minuten + Einweichzeit über Nacht + Kühlzeit über Nacht

Küchenzubehör
Standmixer oder Universalzerkleinerer bzw. Stabmixer, gefrierfeste Form (etwa 25 × 25 cm)

Rezeptbild s. S. 136/137

Für den Boden alle Zutaten im Mixer (oder Universalzerkleinerer) krümelig mahlen. Die gefrierfeste Form mit Backpapier auskleiden, die Masse gleichmäßig auf dem Boden verteilen und fest andrücken.

Für die Cashewcreme das Kokosmus mit der Kakaobutter in einer Schüssel über dem Wasserbad erwärmen und schmelzen lassen. Die Schale der Zitrone abreiben, den Saft auspressen. Den Cashewbruch durch ein Sieb abgießen, mit kaltem Wasser abbrausen und mit Datteln, Vanille, Zitronensaft und -abrieb, Salz und 350 ml Wasser in den Mixer geben. Alles mehrere Minuten zu einer luftigen, glatten Creme mixen. (Alternativ die Zutaten in ein großes, hohes Gefäß geben und mit dem Stabmixer glatt pürieren.) Die warme Kokos-Kakaobutter-Mischung zugießen und kurz vermixen. Wenn sich alles gut verbunden hat, das Johannisbrotkernmehl einarbeiten.

Die Hälfte der Cashewcreme in die Form füllen und auf dem Nussboden verteilen. Die Beeren in die Masse drücken, dann die restliche Creme darübergeben und glatt streichen. Abgedeckt über Nacht ins Gefrierfach stellen.

Vor dem Servieren die gefrorene Masse kurz antauen lassen und mit einem großen Messer in 16 Würfel schneiden.

Blitzschnell gemacht: Frozen-Cubes-Varianten

Die Frozen Cubes sind ein unkompliziertes, erfrischendes Dessert, das sich ganz leicht abwandeln lässt.

Purple/Pink Cubes: Die Cashewcreme kann mit Blaubeeren lila oder Himbeeren rosa gefärbt werden. Dazu 100 g der jeweiligen Beeren mit der Creme in den Mixer geben und pürieren.

Golden Cubes: 100 g mitpürierte Mango verleiht der Cashewcreme eine goldgelbe Farbe. Statt Beeren können Mango- oder Ananasstücke darin versenkt werden.

Green Cubes: Zartgrün und würzig wird die Creme, wenn etwa 20 Basilikumblätter mitpüriert werden. Als Füllung eignen sich Pfirsichhälften.

Peanut Cubes: Für den Peanut-Butter-Style 1 Banane und 2 EL Erdnussmus unter die Creme mixen. Zusätzlich 2–3 EL Kakaopulver sorgen für eine schokoladige Note. Dazu passen halbierte Bananen.

Für den Boden
- 100 g Mandeln
- 100 g Kokosflocken
- 100 g (glutenfreie) Haferflocken
- 100 g Medjool-Datteln, entsteint
- 1 Prise Salz

Für die Cashewcreme
- 100 g Kokosmus
- 50 g Kakaobutter
- 1 Zitrone
- 300 g Cashewbruch (oder Cashewkerne), über Nacht in Wasser eingeweicht
- 100 g Medjool-Datteln, entsteint
- ½ TL gemahlene Bourbonvanille
- 1 Prise Salz
- 2 TL Johannisbrotkernmehl

Außerdem
- 400 g frische Beeren (z. B. Erdbeeren, Himbeeren oder Blaubeeren)

SOMMER

HERBST

Das Frösteln am Abend, der dampfige Morgennebel, der über den Feldern und Wiesen liegt – und die goldenen Oktobersonnenstrahlen, die ihn einfach wegzaubern. Die gelben Blätter und der wilde Herbstwind. Gemütlichkeit liegt in der Luft. Der Herbst schenkt uns einen Rundumschlag an Aromen, Farben und Geschmacksnuancen – von der saftigen, süß-schweren Birne über den erdigen Kürbis bis zur Pilzvielfalt ist alles dabei. Das kunterbunte kulinarische Spektrum zur Erntezeit füttert unsere Kreativität und birgt jede Menge Potenzial für einzigartige Kreationen.

Bircher-Müsli mit Birne	142
Nussknacker-Granola	144
No!tella	146
Würziges Hafer-Hanf-Brot	152
Kürbisstreich mit Paranuss	154
Rauchige Bohnen-Pilz-Pastete	155
Cremige Blumenkohl-Kokos-Suppe	156
Hirse-Couscous mit Sesam-Zitronen-Dip	158
Ratatouille aus dem Ofen mit Salzmandeln	160
Geröstete Rote Bete auf Linsen-Apfel-Salat	166
Ofenkartoffelsalat mit Cashew-Sour-Cream	168
Tellerlasagne mit Kürbis und Linsen	170
Buchweizenrisotto mit Pilzen	174
Süßkartoffel-Kumpir mit Cashew-Miso-Quark	176
Nussberger Klopse auf Cashewsauce	178
Süße Rote-Bete-*RAW*ioli	182
Gebrannte Kürbis-Mandel-Creme	188

BIRCHER-MÜSLI MIT BIRNE

NUSSMILCH · ZIMT · INGWER

Für die Bircher-Mischung alle Zutaten in einer großen Schüssel vermischen und in ein großes, verschließbares Vorratsglas füllen.

Für das Müsli die Bircher-Mischung in eine kleine Schüssel geben, mit Wasser bedecken und über Nacht bei Zimmertemperatur einweichen.

Zum Fertigstellen die Birne grob raspeln, dabei Stielansatz und Kerngehäuse aussparen. Die Raspel unter die gequollenen Flocken heben. Aus dem Nussmus und etwa 80 ml warmem Wasser im Mixer eine Nussmilch herstellen. Optional mit Zimt, Ingwer und/oder Salz abschmecken. (Alternativ die Zutaten für die Nussmilch in ein hohes Gefäß geben und mit dem Stabmixer pürieren.)

Das Müsli mit der Nussmilch übergießen, verrühren und optional mit gehackten Nüssen, Kernen und Trockenfrüchten genießen.

**FÜR 1 PERSON +
1 SEHR GROSSES VORRATSGLAS BIRCHER-MISCHUNG**

Zubereitungszeit
20 Minuten +
Einweichzeit über Nacht

Küchenzubehör
Stand- oder Stabmixer

Für die Bircher-Mischung
- 200 g (glutenfreie) Haferflocken
- 200 g Hirseflocken
- 200 g Buchweizenflocken
- 100 g Leinsamen
- 100 g Rosinen
- 100 g Sonnenblumenkerne
- 100 g Kürbiskerne

Für das Müsli
- etwa 40 g Bircher-Mischung
- 1 Birne (oder Apfel)
- 1 EL Nussmus (z. B. Cashew- oder Mandelmus)
- optional: ½ TL gemahlener Zimt
- optional: ¼ TL gemahlener Ingwer
- optional: 1 Prise Salz
- optional: Nüsse, Kerne und Trockenfrüchte nach Belieben

Gewusst wie:

Die Bircher-Mischung bereite ich in größeren Mengen auf Vorrat zu. Das spart Zeit im Alltag und die Zutaten lassen sich in einem verschlossenen Glas lange lagern.

NUSSKNACKER-GRANOLA

HAFERFLOCKEN · KOKOS · DATTEL

FÜR 1 SEHR GROSSES VORRATSGLAS

Zubereitungszeit
20 Minuten +
45–50 Minuten Backzeit

Zutaten
- 300 g gemischte Nüsse nach Belieben
- 200 g Datteln, entsteint
- 120 g Kokosöl
- 500 g (glutenfreie) Haferflocken
- 100 g Kürbiskerne (alternativ andere Kerne oder Samen)
- 100 g Kokosflocken
- optional: 125 g gepuffter Amarant
- 120 g Ahornsirup

Den Backofen auf 100 °C (Umluft) vorheizen. Die Nüsse grob hacken, die Datteln in Stifte schneiden. Das Kokosöl in einem kleinen Topf erhitzen, bis es flüssig ist.

Die trockenen Zutaten bis auf die Datteln in einer großen Schüssel vermengen. Das flüssige Kokosöl mit dem Ahornsirup und etwa 150 ml Wasser in einer mittelgroßen Schüssel verrühren, dann über die trockenen Zutaten geben. Mit den Händen gründlich vermengen, bis sich alles zu einer krümeligen, klebrigen Masse verbunden hat. Falls die Masse nach dem Kneten zu trocken erscheint, noch etwas Wasser einarbeiten – das Granola sollte leicht klumpen.

Das Granola auf einem mit Backpapier ausgelegten Backblech verteilen und im Ofen 35–40 Minuten trocknen. Dabei alle 10 Minuten vermischen, sodass es von allen Seiten bräunt. Die Dattelstifte dazugeben und weitere 10 Minuten mitbacken. Das Blech aus dem Ofen nehmen, das Granola auskühlen lassen und in einem verschließbaren Vorratsglas kühl und trocken aufbewahren.

Tipp:
Luftdicht verpackt hält sich das Nussknacker-Granola mindestens 4 Wochen.

NO!TELLA

HASELNUSS · DATTEL · KAKAO

Die Kakaobutter in einem kleinen Topf erhitzen, bis sie flüssig ist.

Die Datteln mit 100–150 ml des Einweichwassers im Mixer pürieren, bis eine dicke Dattelcreme entstanden ist. Haselnussmus, Kakaopulver sowie Salz hinzufügen und alles zu einer homogenen Creme verarbeiten. Zuletzt die flüssige Kakaobutter und die Pflanzenmilch dazugeben und alles vermixen. (Alternativ die Zutaten wie beschrieben in ein hohes Gefäß geben und mit dem Stabmixer cremig pürieren.)

Die Creme optional mit Tonkabohne oder anderen Gewürzen nach Belieben abschmecken. In ein sauberes, verschließbares Vorratsglas füllen und gekühlt aufbewahren.

FÜR 1 MITTELGROSSES GLAS

Zubereitungszeit
15 Minuten + Einweichzeit über Nacht

Küchenzubehör
Stand- oder Stabmixer

Zutaten
- 30 g Kakaobutter
- 100 g Datteln, entsteint und über Nacht in Wasser eingeweicht
- 150 g Haselnussmus
- 30 g Kakaopulver
- 1 Prise Salz
- 100 ml Pflanzenmilch
- optional: etwas frisch geriebene Tonkabohne oder gemahlene Gewürze nach Belieben

Tipp:

Hübsch verpackt in einem Glas ist die Haselnuss-Schoko-Creme ein zauberhaftes Mitbringsel, das zusammen mit einem Hefezopf oder Bananenbrot sicher Freude bereitet. Die Creme hält sich verschlossen und gekühlt mindestens 4–5 Tage (wenn man ihr überhaupt so lange widerstehen kann).

DIE HASELNUSS

Haselnüsse sind tatsächlich echte Nüsse. Die dreischichtige Fruchtwand ist komplett verholzt und umschließt die Nuss vollständig.

Die **Gemeine Hase**l gehört zur Familie der Birkengewächse und ist in der Regel ein mehrstämmiger, aufrechter Strauch von 5 bis 6 Metern Höhe. Sie ist sommergrün und liebt warme Gefilde. Selten wächst die Hasel zu einem Baum aus. Um optimal zu gedeihen und eine reiche Ernte abzuwerfen, braucht der **Haselnussstrauch** einen feuchten, gut durchlüfteten, nährstoff- und humusreichen Boden. Neben der Gemeinen Hasel wird vor allem die **Lamberthasel** wirtschaftlich genutzt.

Die Hasel ist monözisch – ein Strauch trägt also sowohl weibliche als auch männliche Blütenstände. Die Bestäubung erfolgt durch den Wind. Die im Zuge des Klimawandels zunehmende Erwärmung der Erde wirkt sich enorm auf die Blütezeit der Haselnuss aus. Heute öffnet sie oftmals schon viel früher ihre Knospen als noch vor 50 Jahren.

Die **Haselnuss** selbst ist glockenförmig, mal eher länglich, mal rund und bauchig. Um die harte, verholzte Schale zu knacken, benötigt man Knackwerkzeug. Der von einer braunen Fruchthaut umhüllte **Haselnusskern** ist weiß bis cremefarben und fast rund.

GESUNDHEITLICHER NUTZEN

Haselnusskerne enthalten rund 60 Prozent Fett und gehören damit zu den fettreichsten Nüssen. Dabei handelt es sich allerdings vor allem um ungesättigte Fettsäuren, die sich positiv auf den Fettstoffwechsel auswirken. Ihr Kohlenhydratanteil liegt bei etwa 11 Prozent, darüber hinaus sind sie mit etwa 12 Prozent Eiweiß eine gute Proteinquelle für Menschen, die sich pflanzlich ernähren. Neben den wertvollen Fetten ist ihr extrem hoher Gehalt an Vitamin E hervorzuheben. Darüber hinaus stecken reichlich B-Vitamine sowie viele Mineralstoffe wie Kalzium, Kalium und Phosphor in den kleinen Kraftpaketen.

ÖKONOMISCHE HERAUSFORDERUNGEN

Die Haselnuss ist vor allem in Europa und Kleinasien heimisch. Hauptanbaugebiete sind u. a. die Türkei, Italien und Frankreich. Die für die Verarbeitung gezüchteten Sträucher tragen eher große runde Nüsse, die sich in industriellen Prozessen leichter knacken und gleichmäßiger rösten lassen.

Zwar wird die Haselnuss vereinzelt auch in Deutschland angebaut, doch aufgrund der klimatischen Bedingungen kann nicht mit ertragreichen und verlässlichen Ernten gerechnet werden. Hierzulande fehlt es zudem an Erntemaschinen und Knackanlagen.

Der mit Abstand größte Teil der erhältlichen Haselnüsse wird in der Türkei geerntet. Dort werden die Nüsse für den biofairen Handel in kleinbäuerlichen Parzellen angebaut, von Hand gepflückt und verarbeitet. Es wurden verbindliche Preisgarantien für die besten Qualitätsstufen eingeführt, die sich auch durch große Abnahmemengen nicht drücken lassen. Das sichert den Erzeuger*innen Arbeitsplätze, ein verlässliches Einkommen und damit den Lebensunterhalt.

Um die große Nachfrage bedienen zu können, werden die Nüsse für den konventionellen Handel oft in Monokulturen angebaut, in denen auch Pestiziden zum Einsatz kommen. Nicht selten erfolgt die Ernte in der Türkei unter fragwürdigen Arbeitsbedingungen und selbst Kinder werden dafür herangezogen.

Als große Exporteure drängen sich zudem die USA und China auf den Weltmarkt – zumeist mit nicht besonders nachhaltigen Produktionsstrukturen. Auch für die Haselnuss gilt also: Auf fair gehandelte Ware aus biologischem Anbau achten und Nüsse aus Europa bevorzugen.

VERWENDUNG IN DER KÜCHE

Haselnüsse werden insbesondere in Backwaren verwendet und finden sich in gemahlener Form in vielen Teigen. Auch als Aufstrich ist die Haselnuss nicht mehr wegzudenken und in Kombination mit Kakao als Nuss-Nougat-Creme äußerst beliebt. Sie wird außerdem gerne wegen ihrer vielen geruchsaktiven Verbindungen genutzt, die besonders nach der Röstung zur Geltung kommen. In der herzhaften Küche ist sie als nussige Komponente in Salaten unentbehrlich und rundet als Nussmus Marinaden und Saucen perfekt ab.

Hauptanbaugebiete der Haselnuss

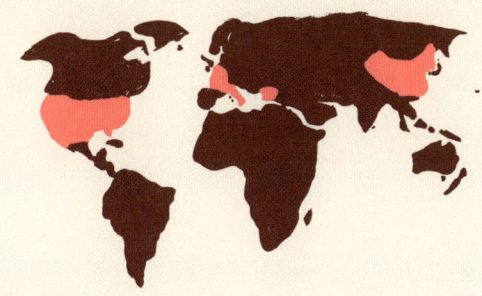

WÜRZIGES HAFER-HANF-BROT

WALNUSS · HIRSE · FENCHEL · KÜMMEL

FÜR 1 BROT

Zubereitungszeit
20 Minuten + 8–12 Stunden Quellzeit + 1 Stunde 5 Minuten Backzeit

Küchenzubehör
Standmixer oder Universalzerkleinerer, Kastenform (30 × 11 cm)

Zutaten
- 100 g Walnüsse
- 30 g Hanfsamen
- 60 g geschrotete Leinsamen
- 250 g (glutenfreie) Haferflocken
- 100 g Hirsemehl (oder Braunhirsemehl)
- 100 g Buchweizenmehl
- 60 g gemahlene Flohsamenschalen
- 1 TL Natron
- 1 EL Salz
- je 1 TL Fenchelsamen, ganzer Kümmel und Anissamen (alternativ gemahlen oder gemörsert)
- 2–4 EL Zitronensaft (oder Apfelessig)

Die Walnüsse optional grob hacken. Die Hanfsamen und die Leinsamen im Mixer (oder Universalzerkleinerer) sehr fein mahlen. Alle trockenen Zutaten in einer großen Schüssel mischen. 600 ml Wasser und den Zitronensaft dazugeben und mit einem Holzlöffel unterrühren. Der Teig ist unmittelbar nach dem Vermengen noch flüssig, wird aber schnell fest, sobald die Flohsamenschalen und Leinsamen zu quellen beginnen.

Die Kastenform mit Backpapier auskleiden, den Teig in die Form füllen und die Oberfläche glatt streichen. Das Brot 8–12 Stunden mit einem Küchentuch abgedeckt bei Zimmertemperatur quellen und fermentieren lassen.

Anschließend den Backofen auf 180 °C (Umluft) vorheizen und das Brot etwa 50 Minuten backen. Dann samt Backpapier aus der Form heben und weitere 15 Minuten auf dem Ofenrost backen, damit sich rundherum eine Kruste bilden kann. Aus dem Ofen nehmen und vor dem Anschneiden auf einem Kuchengitter vollständig abkühlen lassen.

KÜRBISSTREICH MIT PARANUSS

NUSSMIX · KUMIN · ZITRONE

FÜR 4–6 PERSONEN

Zubereitungszeit
15 Minuten + 20 Minuten Garzeit

Küchenzubehör
Stand- oder Stabmixer

Zutaten
- etwa 400 g Hokkaido-Kürbis (oder geschälter Butternut-Kürbis)
- 1 TL gemahlener Kumin (Kreuzkümmel)
- 3–4 EL Zitronensaft
- 3–4 EL Olivenöl
- 3–4 EL Nussmixmus (z. B. Mandel-Cashew-Paranuss oder Mandel-Cashew-Erdnuss-Haselnuss)
- Salz
- frisch gemahlener Pfeffer
- optional: etwas Paprikapulver, Currypulver oder Rauchsalz
- 50 g Paranüsse (oder geröstete Kürbiskerne)

Rezeptbild s. S. 153

Den Kürbis von Kernen und Fasern befreien und in Würfel schneiden. Die Kürbiswürfel in einem großen Topf mit etwas Wasser bedecken, zum Kochen bringen und bei mittlerer Hitze in etwa 20 Minuten weich garen, dann durch ein Sieb abgießen.

Den Kürbis mit Kumin, Zitronensaft, Olivenöl und Nussmixmus in den Mixer geben und zu einem cremigen Aufstrich pürieren (alternativ die Zutaten in ein großes, hohes Gefäß geben und mit dem Stabmixer gründlich pürieren). Mit Salz und Pfeffer abschmecken. Optional mit etwas Paprikapulver, Currypulver oder Rauchsalz würzen.

Die Paranüsse hacken und unter die Creme heben.

Tipp:
Die Creme streiche ich gerne aufs Brot und belege es noch mit Salatblättern und Tofuscheiben oder mit Sprossen und Tempehscheiben.

RAUCHIGE BOHNEN-PILZ-PASTETE

SELLERIE · PETERSILIE · MACADAMIA

Den Knollensellerie schälen und würfeln. Die Champignons putzen, ⅓ der Pilze in feine Scheiben schneiden, den Rest vierteln. Etwas Öl in einem mittelgroßen Topf erhitzen, den Sellerie und die geviertelten Champignons darin scharf anbraten. Die Hitze reduzieren und alles bei geschlossenem Deckel etwa 10 Minuten dünsten, bis der Sellerie und die Pilze weich sind, dabei immer wieder umrühren.

Die Bohnen in ein Sieb geben und kalt abbrausen. Zusammen mit der Sellerie-Pilz-Mischung, Macadamiamus, Rauchsalz, reichlich Pfeffer, Tamari sowie Apfeldicksaft in den Mixer geben und pürieren, bis alles gut verbunden ist, aber trotzdem noch Struktur zeigt. Wer die Pastete lieber ganz glatt servieren möchte, mixt sie etwas länger. (Alternativ alle Zutaten in ein großes, hohes Gefäß geben und mit dem Stabmixer nach Belieben pürieren.)

Vor dem Servieren die Petersilie samt der Stiele fein, die Macadamianüsse grob hacken. Die übrigen Pilzscheiben in etwas Öl scharf anbraten. Vom Herd nehmen, mit etwas Salz und Pfeffer würzen und mit Petersilie sowie Macadamianüssen vermischen. Die Pastete mit dem Pilz-Petersilien-Nuss-Topping garniert servieren.

Tipp:
Die Pastete ist nicht nur ein wunderbarer Aufstrich für Brote und Sandwiches, sondern schmeckt auch zu neuen Kartoffeln oder Süßkartoffelpommes aus dem Ofen.

FÜR 6–8 PERSONEN

Zubereitungszeit
45 Minuten

Küchenzubehör
Stand- oder Stabmixer

Zutaten
- 100 g Knollensellerie
- 300 g Champignons (oder Austernpilze)
- Olivenöl
- 200 g verzehrfertige weiße Bohnen (Abtropfgewicht; aus dem Glas oder der Dose)
- 100 g Macadamiamus
- 1–2 TL Rauchsalz
- gemahlener weißer Pfeffer
- 2 EL Tamari-Sojasauce (kräftige, dunkle Sojasoße)
- 2 EL Apfeldicksaft (oder Agavendicksaft)
- 1 Bund frische Petersilie
- 50 g geröstete Macadamianüsse
- Salz

Rezeptbild s. S. 153

CREMIGE BLUMENKOHL-KOKOS-SUPPE

KURKUMA-RÖSCHEN · MISO · SENFSAAT

Den Blumenkohl von den Blättern und dem unteren Teil des Strunks befreien. Vier große Röschen abnehmen, in kleine Stücke brechen und für das Topping beiseitestellen. Den ganzen Blumenkohlkopf zusammen mit der Kokosmilch und etwa 200 ml Wasser in einen großen Topf geben und die Flüssigkeit zum Kochen bringen. Dann bei mittlerer Hitze und geschlossenem Deckel etwa 20 Minuten garen, bis der Blumenkohl butterweich ist.

Den Blumenkohl im Topf in grobe Stücke schneiden und samt Kokossud in den Mixer geben. Reisessig, Chilipulver, Miso sowie ⅓ TL Salz hinzufügen und alles in 2–3 Minuten zu einer sämigen Suppe mixen. (Alternativ alles im Topf mit einem Stabmixer gründlich pürieren.) Mit Salz, Pfeffer und ggf. etwas mehr Reisessig abschmecken. Wer etwas Süße vermisst, kann optional noch den Agavendicksaft unterrühren.

Für das Topping vier dünne Scheiben der Zitrone abschneiden, den Saft der restlichen Zitrone auspressen. Etwas Kokosöl in einer mittelgroßen Pfanne erhitzen. Die übrigen Blumenkohlröschen mit der Senfsaat und der Kurkuma darin bei mittlerer Hitze rundum kross anbraten, bis die Röschen weich sind und die Senfsaat zu springen beginnt. Mit etwas Zitronensaft ablöschen.

Die Blumenkohl-Kokos-Suppe auf tiefe Teller verteilen und mit dem Topping sowie jeweils 1 Zitronenscheibe garnieren.

FÜR 4 PERSONEN

Zubereitungszeit
30 Minuten + 20 Minuten Garzeit

Küchenzubehör
Stand- oder Stabmixer

Für die Suppe
- 1 mittelgroßer Blumenkohl
- 400 g Kokosmilch
- 3–4 EL Reisessig
- 1 Msp. grünes Chilipulver (oder grüne Currypaste)
- 1 EL helles Miso (Shiro-Miso oder Lupinen-Miso)
- Salz
- frisch gemahlener Pfeffer
- optional: 1–2 EL Agavendicksaft (oder Ahornsirup)

Für das Topping
- ½ Zitrone
- Kokosöl
- 2 TL Senfsaat
- 1 TL gemahlene Kurkuma

Dazu schmeckt:
frisch gebackenes Brot.

Tipp:
Die abgetrennten Blumenkohlblätter können zu einem Salat verarbeitet werden. Dazu die Blätter quer in feine Streifen schneiden und mit einer nussigen Salatsauce (Grundrezept s. S. 30) marinieren.

HIRSE-COUSCOUS MIT SESAM-ZITRONEN-DIP

GOLDRÜBCHEN · DATTEL · CASHEW

FÜR 4 PERSONEN

Zubereitungszeit
1 Stunde

Küchenzubehör
Stand- oder Stabmixer

Für den Hirse-Couscous
- 200 g Hirse (oder 300 g Couscous)
- Salz
- 2 EL Sesamsamen
- 1 EL ganzer Kumin (Kreuzkümmel)
- 100 g Cashewkerne
- 100 g Datteln, entsteint
- 1–2 milde Peperoni
- 1 Bund frischer Basilikum
- 8 Goldrübchen (etwa 600 g, alternativ Kohlrabi oder Möhren)
- Olivenöl
- 2 EL Tamari-Sojasauce (kräftige, dunkle Sojasoße)
- 1–2 EL Dattelsirup (oder Agavendicksaft)

Für den Dip
- 1 Zitrone
- 150 g Sojajoghurt
- 150 g helles Sesammus (Tahin)
- Salz

Die Hirse in ein Sieb geben und unter fließendem heißem Wasser abbrausen. Nach Packungsangabe in einem Topf Salzwasser garen und quellen lassen.

Währenddessen den Sesam in einer kleinen Pfanne ohne Fett bei mittlerer Hitze anrösten. Sobald er Farbe annimmt, den Kumin dazugeben und mitrösten, bis es duftet, dann beiseitestellen. In derselben Pfanne die Cashewkerne bei mittlerer Hitze goldbraun rösten. Die Datteln in Stifte schneiden. Die Peperoni in feine Ringe schneiden, dabei ggf. entkernen. Die Basilikumblätter abzupfen. Alles beiseitestellen.

Für den Dip die Schale der Zitrone abreiben, das Fruchtfleisch grob zerkleinern. Sojajoghurt, Zitronenabrieb und -fruchtfleisch, Sesammus sowie 100 ml Wasser in den Mixer geben und gründlich pürieren, bis sich alle Zutaten luftig verbunden haben (alternativ alle Zutaten in ein hohes Gefäß geben und mit dem Stabmixer pürieren). Mit etwas Salz abschmecken, den Dip in eine kleine Schale füllen und kühl stellen.

Unschöne Stellen der Goldrübchen entfernen, die Rübchen in große Würfel schneiden. Etwas Olivenöl in einer mittelgroßen Pfanne erhitzen. Die Rübchen darin rundum scharf anbraten, die Hitze reduzieren und bei geschlossenem Deckel etwa 10 Minuten garen. Mit der Tamari und dem Dattelsirup ablöschen. Die Peperoniringe dazugeben, einmal gut schwenken und weitere 5 Minuten schmoren lassen.

Die gequollene Hirse in eine große Schüssel geben und mit einer Gabel etwas auflockern. Kumin, Sesam, Cashewkerne, Dattelstifte sowie Basilikumblätter unterheben. Die Goldrübchen-Peperoni-Mischung auf dem Hirse-Couscous verteilen und mit etwas Salz abschmecken. Den Hirse-Couscous sowie den Sesam-Zitronen-Dip großzügig mit Olivenöl beträufeln und zusammen servieren.

RATATOUILLE AUS DEM OFEN MIT SALZMANDELN

AUBERGINE · PAPRIKA · OLIVE · KRÄUTER

Die Mandeln in einer kleinen Schüssel mit etwas Wasser benetzen, mit dem Salz und dem Paprikapulver bestreuen und gut vermischen. Die Mandeln auf ein mit Backpapier ausgelegtes Backblech geben und im Ofen bei 120 °C (Umluft) etwa 25 Minuten rösten.

Währenddessen das Gemüse putzen und in Stücke schneiden. Gemüse, Oliven sowie frische Kräuter (am Zweig oder minimal zerrupft) in eine große Schüssel geben. Reichlich Olivenöl darübergießen, etwas salzen und pfeffern, gut vermischen und auf einem tiefen Backblech verteilen.

Die gerösteten Mandeln aus dem Ofen nehmen und abkühlen lassen. Die Ofentemperatur auf 180 °C erhöhen und das Gemüse 20–30 Minuten im Ofen garen – vor allem die Auberginenstücke sollten weich sein. Das Blech aus dem Ofen nehmen und das Gemüse etwas abkühlen lassen. In der Zwischenzeit die Mandeln grob hacken.

Das Ofen-Ratatouille in einer flachen Schüssel anrichten, mit Aceto balsamico beträufeln, etwas Fleur de Sel und Kampot-Pfeffer darübergeben und mit Salzmandeln bestreut servieren.

FÜR 4 PERSONEN

Zubereitungszeit
30 Minuten +
20–30 Minuten Garzeit

Zutaten
- 80 g Mandeln
- 1 TL Salz
- ½ TL geräuchertes Paprikapulver (z. B. Pimentón de la Vera)
- 1 kg gemischtes Ratatouille-Gemüse (Zucchini, Auberginen, bunte Paprika, Fenchel und Tomaten)
- 100 g grüne Oliven
- je ein paar Zweige frischer Rosmarin, Thymian und Oregano
- Olivenöl
- frisch gemahlener Pfeffer
- 5 EL hochwertiger gereifter Aceto balsamico
- Fleur de Sel
- grob gemörserter schwarzer Kampot-Pfeffer (oder frisch gemahlener Pfeffer)

Dazu schmecken:

frisch gebackenes Brot, Ofenkartoffeln und ein herbstlicher grüner Salat.

DIE MANDEL

Mandeln sind streng genommen keine Nüsse, sondern Steinfrüchte, die zur Familie der Rosengewächse gehören.

Der **Mandelbaum** ist sommergrün, locker belaubt und wächst 3 bis 8 Meter hoch. Die genügsame Pflanze mit den weißen oder rosafarbenen Blüten bevorzugt ein mediterranes Klima und sonnige Hänge in 700 bis 1700 Metern Höhe.

Die Mandel unterteilt sich in drei Unterarten: Süßmandel, Krachmandel und Bittermandel. Letztere ist schon in kleinen Mengen giftig und im rohen Zustand nicht zum Verzehr geeignet. Aus ihr wird Bittermandelöl gewonnen, das zum Aromatisieren von Likören und Marzipan eingesetzt wird. Am weitesten verbreitet ist die **Süßmandel**.

Jede **Mandel** ist der Samenkern einer aprikosenähnlichen Frucht. Das Fruchtfleisch, das den Kern umhüllt, ist wenig ausgeprägt und im reifen Zustand ledrig und trocken. Ist die Reife erreicht, springt die Frucht auf und gibt den verholzten, rundum geschlossenen Steinkern frei. Der essbare Samen hat eine ovale, spitz zulaufende Form, ist flach bis leicht bauchig und von einer dünnen braunen Samenhaut umschlossen.

GESUNDHEITLICHER NUTZEN

Mandeln gehören zu den basischen Lebensmitteln, wirken sich positiv auf unseren Stoffwechsel aus und bieten reichlich pflanzliches Protein (etwa 20 Prozent), weshalb sie gerade in der fleischlosen Küche gerne verwendet werden. Darüber hinaus versorgen sie uns mit besonders viel Kalium, Kalzium und Magnesium sowie Kupfer, Folsäure, B-Vitaminen und Vitamin E. Zwar bringen die kleinen Kerne gut 50 Prozent Fett mit sich, liefern aber in ihrer Zusammensetzung viele ungesättigte Fettsäuren sowie ein vorteilhaftes Fettsäureverhältnis. Somit können sie das Herz-Kreislauf-System und den Cholesterinspiegel günstig beeinflussen. Aufgrund ihrer guten Bekömmlichkeit sind Mandeln auch in der Ernährung von Kleinkindern – z. B. als Nussmus im Getreide- oder Obstbrei – sehr beliebt.

ÖKONOMISCHE HERAUSFORDERUNGEN

Zwar wird die Mandel auch in wärmeren Regionen der Pfalz kultiviert (bis etwa 1940 wurde die Ernte sogar erwerbsmäßig betrieben) sowie in mitteleuropäischen Weinanbaugebieten, doch können aufgrund der klimatischen Bedingungen keine mit südlicheren Ländern vergleichbaren Erträge erzielt werden. Wilde Mandelbäume gedeihen besonders gut an der östlichen Mittelmeerküste, in den USA, im Kaukasus, Irak und Iran sowie in Pakistan. Wirtschaftlich genutzte Plantagen findet man vor allem in Kalifornien, Spanien, im Iran, in der Türkei, in Australien und Marokko.

Neben Wärme und Sonnenlicht benötigt die Mandel (vor allem auf Plantagen) viel Wasser. Alte Mandelsorten, die seit jeher in trockeneren Gebieten wachsen, kommen auch mit einer geringeren Bewässerung aus. Ausbeute an Natur und Ressourcen wird besonders dort betrieben, wo gezüchtete Mandelbäume in sonnigen, trockenen Gebieten mit Unmengen Trinkwasser versorgt und ganze Bienenvölker zur Bestäubung der Blüten zu den Plantagen gefahren werden. Das ist vor allem in Kalifornien der Fall.

Wir als Genießer*innen können alle einen Beitrag zu einer nachhaltigeren Landwirtschaft leisten, indem wir z. B. auf konventionelle Mandelmilch verzichten und stattdessen zu Hafer- oder Dinkelmilch greifen sowie biologisch angebaute und fair gehandelte Mandeln aus Europa bevorzugen.

VERWENDUNG IN DER KÜCHE

Die Mandel begegnet uns oft in Süßspeisen und Weihnachtsgebäck. Die süßliche Nuss mit dem charmanten Knack kann aber auch anders. Geröstet, gehackt und mit Gewürzen aromatisiert wird sie in Gemüsegerichten zum Tüpfelchen auf dem i.

Mandelmus rundet Salatsaucen ab und harmoniert in cremigen Suppen besonders gut mit Kohlgemüse. Dabei haben wir die Wahl zwischen dem gerösteten, nussigen und minimal herben braunen Mandelmus und der blanchierten, geschälten weißen Variante, die eher süß und mit Marzipannoten daherkommt.

Hauptanbaugebiete der Mandel

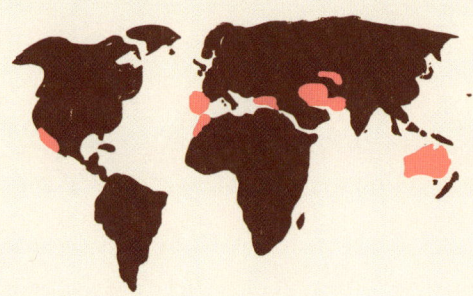

GERÖSTETE ROTE BETE AUF LINSEN-APFEL-SALAT

PARANUSS · KORIANDER · ZITRONEN-CASHEW-DRESSING

FÜR 4 PERSONEN

Zubereitungszeit
1 Stunde

Zutaten
- 200 g Belugalinsen
- 2 Knollen Rote Bete
- 5 EL Olivenöl
- Salz
- 2 säuerliche, knackige Äpfel (z. B. Topaz oder Rubinette)
- 1 Bund frischer Koriander
- 20 g geröstete, gesalzene Paranüsse

Für das Dressing
- 1 Zitrone
- 3–4 EL Apfeldicksaft
- 5 EL milder Apfelessig
- 2 EL Cashewmus
- ½ TL Salz
- frisch gemahlener Pfeffer

Die Belugalinsen in ein Sieb geben und unter fließendem Wasser abbrausen. Nach Packungsangabe in einem Topf garen, anschließend durch ein Sieb abgießen, mit kaltem Wasser abbrausen und gut abtropfen lassen.

Währenddessen den Backofen auf 180 °C (Umluft) vorheizen. Den Wurzelansatz der Roten Beten entfernen, die Knollen halbieren und in schmale Schnitze schneiden. Die Schnitze mit dem Öl und etwas Salz in einer mittelgroßen Schüssel vermischen. Auf einem Backblech verteilen und 15 Minuten im Ofen backen. Dann die Grillfunktion des Ofens zuschalten und die Beten weitere 5–8 Minuten rösten.

In der Zwischenzeit die Äpfel vierteln, entkernen und in feine Stifte schneiden. Den Koriander samt der Stiele grob zerkleinern. Die Paranüsse grob hacken.

Für das Dressing die Schale der Zitrone abreiben, den Saft auspressen. Den Zitronensaft mit allen anderen Zutaten (außer dem Zitronenabrieb) in einer großen Schüssel zu einem cremigen Dressing verrühren.

Die Linsen mit der gerösteten Rote Bete zum Dressing geben und vermengen. Apfelstifte, Koriander und Zitronenabrieb unterheben und mit etwas Pfeffer und Salz abschmecken. Den Salat auf Tellern anrichten und mit gehackten Paranüssen bestreut servieren.

OFENKARTOFFELSALAT MIT CASHEW-SOUR-CREAM

DILL · SENFSAAT · ZITRONE

Den Backofen auf 200 °C (Umluft) vorheizen. Die Kartoffeln halbieren oder vierteln und auf einem Backblech verteilen. Das Öl und das Salz über die Kartoffeln geben, mit den Händen vermischen und im Ofen in etwa 25 Minuten kross backen.

Währenddessen die Cashew-Sour-Cream und das Dressing zubereiten. Für die Sour Cream den Tofu grob zerbröseln. Die Schale der Zitrone abreiben, den Saft auspressen. Beide Tofusorten sowie Zitronensaft und -schale im Mixer in 1–2 Minuten zu einer homogenen, luftigen Creme pürieren. Das Cashewmus dazugeben, nochmals kurz vermixen und mit Salz sowie Kala Namak abschmecken. (Alternativ die Zutaten wie beschrieben in ein großes, hohes Gefäß geben und mit dem Stabmixer glatt pürieren.) Die Sour Cream in eine mittelgroße Schüssel füllen und kalt stellen.

Für das Dressing alle Zutaten in den Mixer geben und zu einer cremigen Salatsauce vermixen (alternativ die Zutaten in eine mittelgroße Schüssel geben und gut verrühren).

Die Senfsaat in einer kleinen Pfanne ohne Fett bei mittlerer Hitze anrösten. Sobald sie zu springen beginnt, vom Herd nehmen. Die fertigen Kartoffeln in eine große Schüssel geben und sofort mit der Senfsaat bestreuen. Das Dressing über die Kartoffeln gießen und alles gut vermischen. Den Dill grob zerrupfen und vor dem Servieren unterheben. Den Kartoffelsalat zusammen mit der Cashew-Sour-Cream auf Tellern anrichten.

FÜR 4 PERSONEN

Zubereitungszeit
40 Minuten

Küchenzubehör
Stand- oder Stabmixer

Für die Ofenkartoffeln
- 1 kg junge (bunte) Kartoffeln
- 2–3 EL Rapsöl
- 1 TL Salz

Für die Cashew-Sour-Cream
- 200 g Tofu
- ½ Zitrone
- 400 g Seidentofu
- 100 g Cashewmus
- Salz
- Kala Namak (Schwarzsalz, im Bioladen oder Onlinehandel erhältlich)

Für das Dressing
- 80 ml Rapsöl (oder Olivenöl)
- 80 ml Apfelessig (oder Condimento bianco)
- 2–3 EL Ahornsirup (oder Agavendicksaft)
- 2 TL scharfer Senf
- 100 g pflanzlicher Joghurt

Außerdem
- 1 TL gelbe oder schwarze Senfsaat
- 1 Bund frischer Dill

Dazu schmecken:
gebratene Pilze und ein herbstlicher Blattsalat.

TELLERLASAGNE MIT KÜRBIS UND LINSEN

BIRNE · INGWER · KURKUMA · CASHEW-BÉCHAMEL

FÜR 4 PERSONEN

Zubereitungszeit
1 Stunde 30 Minuten

Rezeptbild s. S. 170/171

Für das Kürbis-Dal den Ingwer und die Kurkuma in feine Stücke, die Peperoni in feine Ringe schneiden, dabei ggf. entkernen. Den Kürbis halbieren, von Kernen und Fasern befreien und eine Hälfte in kleine Würfel schneiden. Etwas Kokosöl in einem großen Topf erhitzen. Ingwer, Kurkuma und Peperoni zusammen mit Bockshornklee-, Anis- und Fenchelsamen darin bei mittlerer Hitze etwa 2 Minuten anbraten. Die Kürbiswürfel und die Linsen dazugeben und unter Rühren 2–3 Minuten mitrösten. Mit etwa 500 ml Wasser ablöschen, kurz aufkochen lassen und alles etwa 25 Minuten bei niedriger Hitze und geschlossenem Deckel garen.

Den Backofen auf 180 °C (Umluft) vorheizen. Die zweite Kürbishälfte in dünne Spalten schneiden und auf einem mit Backpapier ausgelegtem Backblech verteilen. Den Kürbis hauchdünn mit Olivenöl bepinseln, etwas salzen und im Ofen in etwa 25 Minuten goldbraun backen.

Währenddessen für die Béchamelsauce Cashewmus, Kurkuma und Muskat mit 100 ml heißem Wasser in einer kleinen Schüssel mit einem Schneebesen verrühren. Mit Salz abschmecken und beiseitestellen.

Für die Knuspercashews die Cashewkerne hacken und in einer kleinen Pfanne ohne Fett bei mittlerer Hitze goldbraun rösten. Mit dem Currypulver bestäuben, den Dicksaft dazugeben und leicht karamellisieren lassen. Vom Herd nehmen und bis zum Schichten der Lasagne beiseitestellen.

In einem großen Topf gesalzenes Wasser zum Kochen bringen und die Lasagneplatten darin al dente kochen. Dabei regelmäßig vorsichtig umrühren, um die Platten voneinander getrennt zu halten. Die Platten durch ein Sieb abgießen und mit etwas Olivenöl beträufeln, damit sie nicht zusammenkleben.

Den Kürbis aus dem Ofen nehmen, das Kürbis-Dal mit Salz und Pfeffer abschmecken. Die Birne(n) halbieren, entkernen und in hauchdünne Scheiben schneiden.

Zum Fertigstellen jeweils 1 Lasagneplatte auf vier Teller legen. Etwas Kürbis-Dal gleichmäßig darauf verteilen, etwas Béchamelsauce darüberträufeln, mit Ofenkürbis und Birnenscheiben belegen und mit Knuspercashews bestreuen. Jeweils mit 1 weiteren Lasagneplatte abdecken und diese Schritte wiederholen, bis vier kleine Lasagnetürmchen entstanden sind.

Tipp:

Natürlich kann die Lasagne auch klassisch im Ofen gebacken werden. Dazu das Dal mit weiteren 500 ml Wasser flüssiger kochen und in einer Auflaufform die rohen Kürbis- und Birnenscheiben mit dem Dal sowie der Béchamel zwischen die Lasagneplatten schichten. Etwa 35 Minuten im vorgeheizten Ofen bei 170 °C (Umluft) backen. Dazu schmeckt ein grüner Salat oder ein würziges Chutney.

Für das Kürbis-Dal
- 1 Stück Ingwer (etwa 4–5 cm)
- 1 Stück Kurkuma (etwa 4–5 cm)
- 1–2 Peperoni
- 1 Hokkaido-Kürbis (oder geschälter Butternut-Kürbis)
- Kokosöl (oder anderes Pflanzenöl)
- je 1 TL Bockshornklee-, Anis- und Fenchelsamen
- 200 g rote Linsen

Für die Cashew-Béchamel
- 100 g Cashewmus
- 1 Prise gemahlene Kurkuma
- 1 Prise gemahlene Muskatnuss
- Salz

Für die Knuspercashews
- 100 g Cashewkerne
- ½ TL Currypulver
- 50 g Agavendicksaft (oder Ahornsirup)

Außerdem
- Olivenöl
- Salz
- 16 Lasagneplatten
- frisch gemahlener Pfeffer
- 1–2 reife, aber knackige Birne(n)

BUCHWEIZENRISOTTO MIT PILZEN

MISO-MANDEL-RAHM · PETERSILIE · SALZMANDEL

Die Mandeln in einer kleinen Schüssel mit etwas Wasser benetzen, mit dem Salz und dem Paprikapulver bestreuen und gut vermischen. Auf ein mit Backpapier ausgelegtes Backblech geben und im Ofen bei 120 °C (Umluft) etwa 25 Minuten rösten.

Für das Risotto den Buchweizen in ein Sieb geben und unter fließendem heißem Wasser abbrausen. 2 EL Öl in einem großen Topf erhitzen. Den Buchweizen darin kurz bei mittlerer Hitze anrösten. Paprikapulver und etwas Salz dazugeben und mit etwas Weißwein ablöschen. Unter Rühren köcheln lassen, bis die Flüssigkeit aufgesogen ist, anschließend etwa 500 ml Wasser hinzufügen und erneut aufkochen. Den Buchweizen bei niedriger Hitze und geschlossenem Deckel so lange garen, bis er die gesamte Flüssigkeit aufgenommen hat, dann vom Herd nehmen.

Währenddessen die Zwiebel und den Knoblauch schälen und würfeln, die Pilze putzen und in Scheiben schneiden. Die Petersilie samt der Stiele fein schneiden, die Blätter beiseitestellen. In einer großen Pfanne 4 EL Öl erhitzen. Zwiebeln, Knoblauch, Pilze und Petersilienstiele darin scharf anbraten, dann bei mittlerer Hitze schmoren, bis die Zwiebeln und die Pilze gut gebräunt sind.

Für den Miso-Mandel-Rahm alle Zutaten mit 200 ml Wasser in einer mittelgroßen Schüssel verrühren. Die Pilzpfanne damit ablöschen und kurz aufkochen lassen, bis die Sauce leicht eindickt.

Die Salzmandeln grob hacken. Die Hälfte der Pilzrahmsauce unter den Buchweizen ziehen und das Risotto mit Salz und Pfeffer abschmecken. Die restliche Sauce zusammen mit dem Buchweizenrisotto auf Tellern anrichten und mit Salzmandeln sowie Petersilienblättern bestreut servieren.

FÜR 4 PERSONEN

Zubereitungszeit
1 Stunde

Für die Salzmandeln
- 80 g Mandeln
- 1 TL Salz
- ½ TL geräuchertes Paprikapulver (z. B. Pimentón de la Vera)

Für das Buchweizenrisotto
- 300 g Buchweizen
- 6 EL Olivenöl
- 1 Msp. geräuchertes Paprikapulver (z. B. Pimentón de la Vera)
- Salz
- etwas trockener Weißwein (oder Wasser)
- 1 rote Zwiebel
- 1 Knoblauchzehe
- 800 g Pilze (Champignons, Austernpilze, Kräuterseitlinge oder Pfifferlinge)
- 1 Bund frische Petersilie
- frisch gemahlener Pfeffer

Für den Miso-Mandel-Rahm
- 50 g Mandelmus
- 50 g helles Miso (Shiro-Miso oder Lupinen-Miso)
- 10 g Maisstärke
- 1 Prise Salz

SÜSSKARTOFFEL-KUMPIR MIT CASHEW-MISO-QUARK

FELDSALAT · ORANGE · WALNUSS · KNOBLAUCH

FÜR 4 PERSONEN

Zubereitungszeit
50 Minuten (+ Einweichzeit über Nacht + 8–12 Stunden Fermentation für den Cashewquark)

Küchenzubehör
Standmixer

Für die Kartoffeln
- 4 TL grobes Salz
- 4 große Süßkartoffeln (à etwa 300 g)

Für den Quark
- 1 Knoblauchzehe
- 400 g Cashewquark (Grundrezept s. S. 25)
- 50 g helles Miso (Shiro-Miso oder Lupinen-Miso)
- 1 gute Prise Salz
- 4 EL Apfelessig (oder milder Weißweinessig)

Für den Salat
- 2 Orangen
- 100 g Walnüsse
- 400 g Feldsalat

Für das Dressing
- 5 EL Walnussöl
- 5 EL Balsamico-Essig
- 3–4 EL Ahornsirup
- 1 TL scharfer Senf
- ½ TL Salz
- frisch gemahlener Pfeffer

Den Ofen auf 180 °C (Umluft) vorheizen. Das Salz auf einen Teller geben. Die Süßkartoffeln waschen, noch feucht im Salz wenden und auf ein mit Backpapier ausgelegtes Backblech geben. Im Ofen 35–40 Minuten backen, bis sie weich sind – mit einer Gabel einstechen und die Backzeit ggf. verlängern, falls die Kartoffeln noch nicht gar sind.

Währenddessen den Knoblauch schälen und fein hacken. Den Cashewquark in eine mittelgroße Schüssel geben und mit Knoblauch, Miso, Salz und Essig glatt rühren.

Die Orangen filetieren. Dazu die Orangen so schälen, dass die weiße Haut mitentfernt wird. Danach die Orangenfilets zwischen den dünnen Trennhäutchen keilförmig herausschneiden – dabei über einer Schüssel arbeiten, um den Saft aufzufangen. Die Walnüsse in einer kleinen Pfanne ohne Fett bei mittlerer Hitze anrösten, dann beiseitestellen.

Für das Dressing den aufgefangenen Orangensaft mit allen anderen Zutaten und etwa 50 ml Wasser im Mixer zu einer Salatsauce aufmixen (alternativ die Zutaten in einer kleinen Schüssel verrühren). Den Feldsalat in eine große Schüssel geben, die filetierten Orangen unterheben. Das Dressing über den Salat gießen und gut durchmischen.

Je 1 gebackene Süßkartoffel auf die Teller setzen, längs aufschneiden, leicht aufbrechen und etwas Cashew-Miso-Quark hineinstreichen. In oder zu jeder Kartoffel eine Portion Salat anrichten und mit den gerösteten Walnüssen bestreut sofort servieren.

NUSSBERGER KLOPSE AUF CASHEWSAUCE

ROTE BETE · KAPERN · ZITRONE

**FÜR 4 PERSONEN
(ETWA 16–24 KLÖSSCHEN)**

Zubereitungszeit
1 Stunde 15 Minuten +
20 Minuten Ruhezeit

Küchenzubehör
Standmixer oder
Universalzerkleinerer,
Handrührgerät oder
Küchenmaschine

Für die marinierte Rote Bete
- 200 g gegarte Rote Bete
- 4 EL milder Weißweinessig (oder Condimento bianco)
- 4 EL Olivenöl
- 1 TL Agavendicksaft
- 1 TL scharfer Senf
- ½ TL Salz
- frisch gemahlener Pfeffer

Rezeptbild s. S. 178/179

Für die marinierte Bete die Rote Bete in etwa 1 cm große Würfel schneiden und in eine kleine Schüssel geben. Die restlichen Zutaten in einem Schraubglas zu einer Marinade schütteln, über die Rote Bete gießen und beiseitestellen.

Für die Klößchen die Flohsamenschalen mit 120 ml Wasser in einem Glas verrühren und etwa 10 Minuten quellen lassen. Währenddessen den Tofu in einer großen Schüssel zerbröseln. Die Zwiebel schälen und sehr fein würfeln. Den Cashewbruch und die Paranüsse im Mixer (oder Universalzerkleinerer) krümelig mahlen – es dürfen noch ein paar Stücke zu sehen sein. Die Nüsse mit Zwiebeln, Algen- und Hefeflocken, Liquid Smoke, Tamari, Leinöl, Salz und etwas Pfeffer zum Tofu geben und alles gut vermischen. Das Kastanienmehl und die gequollenen Flohsamenschalen hinzufügen und alles mit den Knethaken des Handrührgeräts (oder der Küchenmaschine) zu einer festen, aber formbaren Masse verarbeiten. Etwa 20 Minuten ruhen lassen. Anschließend aus der Masse mit den Händen 16–24 kleine Klöße formen.

Für die Brühe die Zwiebel schälen und in Ringe schneiden. 1 l Wasser in einem großen Topf mit Zwiebelringen, Pfeffer- und Pimentkörnern sowie Lorbeerblättern zum Kochen bringen. Die Hitze reduzieren – das Wasser sollte nur noch leicht sieden. Die Klößchen in die Brühe setzen und darin 15–20 Minuten garen, bis sie oben schwimmen.

In der Zwischenzeit für die Cashewsauce das Cashewmus mit 400 ml Wasser in einem mittelgroßen Topf mit einem Schneebesen verrühren. Mit Muskat, Salz und etwas Pfeffer würzen. Die sahnige Sauce aufkochen. Die Stärke in einer kleinen Schüssel mit etwas Wasser glatt rühren und in die Sauce einrühren, bis sie leicht eindickt. Die Kapern hinzufügen und alles mit dem Zitronensaft abschmecken.

Die fertig gegarten Klößchen aus der Brühe heben und zusammen mit der Cashew-Kapern-Sauce auf Teller verteilen. Die marinierten Rote-Bete-Würfel dazu anrichten.

Dazu schmecken:
Pellkartoffeln und Kartoffelpüree.

Für die Klößchen
- 30 g gemahlene Flohsamenschalen
- 200 g Räuchertofu
- 1 Zwiebel
- 100 g Cashewbruch (oder Cashewkerne)
- 100 g Paranüsse
- 2 EL Nori-Algenflocken (im Bio- oder Asialaden erhältlich)
- 40 g Hefeflocken
- 1 EL Liquid Smoke (flüssiges Raucharoma, alternativ 1 TL geräuchertes Paprikapulver)
- 4 EL Tamari-Sojasauce (kräftige, dunkle Sojasoße)
- 2 EL Leinöl
- 1 gestrichener TL Salz
- frisch gemahlener Pfeffer
- 50 g Kastanienmehl

Für die Brühe
- 1 Zwiebel
- 1 TL Pfefferkörner
- 2 Pimentkörner
- 2 Lorbeerblätter

Für die Cashewsauce
- 100 g Cashewmus
- ½ TL gemahlene Muskatnuss
- 1 Prise Salz
- frisch gemahlener Pfeffer
- 10 g Tapiokastärke (geschmacksneutrale Stärke aus der Maniokwurzel, im Asialaden erhältlich; alternativ Maisstärke)
- 2-3 EL Kapern
- 2-3 EL Zitronensaft

SÜSSE ROTE-BETE-RAWIOLI

CASHEW · VANILLE · KÜRBISKERN · GRANATAPFEL

FÜR 4 PERSONEN

Zubereitungszeit
45 Minuten + Einweichzeit über Nacht + 6–8 Stunden Kühlzeit

Küchenzubehör
Stand- oder Stabmixer

Für die Cashew-Vanille-Creme
- 60 g Kokosöl (oder 30 g Kokosöl und 30 g Kakaobutter)
- 150 g Cashewbruch (oder Cashewkerne), über Nacht in Wasser eingeweicht
- 4 Datteln, entsteint und über Nacht in Wasser eingeweicht
- ½ TL gemahlene Bourbonvanille (alternativ gemahlene Tonkabohne oder Vanilleextrakt)
- 2–3 EL Kokosmehl

Außerdem
- 100 g Kürbiskerne
- 2 EL weißer Rohrzucker
- 4 EL Ahornsirup
- 2 große Knollen Rote Bete
- 1 Granatapfel
- Kürbiskernöl

Tipp:
Es werden nur große, dünne Rote-Bete-Scheiben für die Ravioliblätter benötigt. Die restliche Rote Bete kann zu einer Suppe (Rezept s. S. 52/53) oder einem Salat (Rezept s. S. 166) verarbeitet werden.

Für die Cashew-Vanille-Creme das Kokosöl in einem kleinen Topf erhitzen, bis es flüssig ist.

Den Cashewbruch durch ein Sieb abgießen und mit kaltem Wasser abbrausen. Die Datteln aus dem Einweichwasser nehmen und zusammen mit den Cashews und der Vanille so lange im Mixer pürieren, bis die Masse stockt. 100–150 ml Wasser hinzufügen (dabei auch das Einweichwasser der Datteln verwenden) und vermixen, bis eine dickflüssige, quarkähnliche Creme entstanden ist. Weitere 20–30 Sekunden auf kleiner Stufe mixen, dabei zuerst das flüssige Kokosöl, dann das Kokosmehl einarbeiten – je nachdem, wie viel Flüssigkeit verwendet wurde, braucht es 2 oder 3 EL Kokosmehl, um die Creme zu binden. (Alternativ die Zutaten in ein hohes Gefäß geben und mit dem Stabmixer wie beschrieben einarbeiten.) Die Cashewcreme in eine mittelgroße Schüssel füllen und 6–8 Stunden in den Kühlschrank stellen.

Die Kürbiskerne in einer Pfanne ohne Fett bei mittlerer Hitze kurz anrösten. Den Zucker und den Ahornsirup hinzufügen und die Kerne unter ständigem Rühren mit einem Holzlöffel rundum karamellisieren lassen. Auf einen mit Backpapier belegten Teller geben und abkühlen lassen.

Den Wurzelansatz der Roten Beten entfernen, die Knollen halbieren und von der Schnittfläche aus in insgesamt 24–32 hauchdünne, möglichst gleich große Scheiben hobeln (die restliche Bete kann anderweitig verwendet werden, s. Tipp). Den Granatapfel halbieren und die Kerne herauslösen.

Auf vier Tellern jeweils 3–4 Scheiben Rote Bete nebeneinandersetzen. Auf jede Scheibe eine walnussgroße Portion Cashew-Vanille-Creme geben, mit je einer weiteren Rote-Bete-Scheibe bedecken und die Seiten rundum leicht andrücken. Die süßen Rote-Bete-Ravioli mit etwas Kürbiskernöl beträufeln und mit karamellisierten Kürbiskernen sowie Granatapfelkernen bestreut servieren.

DIE KOKOSNUSS

Die Kokosnuss ist eine Steinfrucht und keine echte Nuss. Sie ist die Frucht der Kokospalme und wird ganzjährig geerntet.

Die bis zu 30 Meter hohen, stabil gewachsenen, immergrünen **Kokospalmen** benötigen viel Licht und tropische Wärme sowie sandige, lockere und nährstoffreiche Böden. Sie sind äußerst wasserbedürftig und gedeihen in Gebieten mit hohen Niederschlagswerten. Mit etwa 12 Jahren erreichen die Palmen ihre volle Produktionsleistung und tragen jährlich etwa 30 bis 40 Kokosnüsse.

Für die Bevölkerung tropischer Küstenregionen waren und sind Kokospalmen eine hervorragende Nahrungs- und Rohstoffquelle: Die Kokosnüsse dienen als gehaltvolles Lebensmittel, mit dem Holz der Palmen werden Hütten gebaut und mit ihren Blättern Dächer gedeckt. Die Fasern werden zu Hauswänden, Körben und Seilen geflochten, die trockenen Kokosnussschalen als Brennmaterialien genutzt.

Das Innere der faserigen, harten Schale der **Kokosnuss** ist mit 1 bis 2 Zentimeter dickem weißen Fruchtfleisch ausgekleidet, im Hohlraum befindet sich das Kokoswasser. Trinkkokosnüsse werden grün geerntet, wenn sie noch viel Wasser und wenig ausgebildetes Fruchtfleisch enthalten. Kokosnüsse, die für den Nusshandel vorgesehen sind, reifen dagegen länger. Dabei verlieren sie Wasser, bilden mehr Fruchtfleisch aus und die Schale verholzt.

Geerntet werden die reifen Kokosnüsse mit an langen Stangen befestigten Messern oder von versierten Kletter*innen. In Malaysia, Thailand und Indonesien kommen sogar dressierte Äffchen zum Einsatz, die die Früchte geschickt von den Bäumen holen.

Praktisch alle Bestandteile der Kokosnuss finden Verwendung: Kokoswasser, Fruchtfleisch und Schale. Aus getrocknetem Fruchtfleisch (Kopra) werden Kokosöl und Kokospaste gewonnen. Auch Kokosmilch, -mehl, -chips und -flocken lassen sich daraus herstellen.

Gepresstes Kokosöl kommt sowohl beim Kochen und Backen zum Einsatz als auch in der Industrie bei der Herstellung von Kosmetika und Pharmazeutika.

GESUNDHEITLICHER NUTZEN

Das Fruchtfleisch der Kokosnuss enthält nach der Ernte bis zu 50 Prozent Wasser und zählt in vielen tropischen Regionen als Grundnahrungsmittel. Es ist mit etwa 36 Prozent Fett recht energiedicht und ballaststoffreich und liefert jede Menge Kalium, Magnesium sowie andere Mikronährstoffe. Da es sich bei dem Fett vorwiegend um die weniger gesunden gesättigten Fettsäuren handelt, sollte die Kokosnuss nur in Maßen genossen werden.

Nach der Trocknung liegt der Wassergehalt bei etwa 5 Prozent und das Kokosfleisch ist wie jede andere Nuss gut haltbar. Der Fettgehalt erhöht sich im getrockneten Zustand auf etwa 65 Prozent.

ÖKONOMISCHE HERAUSFORDERUNGEN

Kokosöl boomt – vor allem seitdem Palmöl wegen seines umweltschädlichen konventionellen Anbaus in der Kritik steht, denn abseits zertifizierter und kontrollierter Bio-Palmölplantagen wird dafür immer noch Regenwald abgeholzt. Kokosöl ist eine willkommene Alternative, da die Kokospalmen in der Regel nicht in Monokulturen wachsen und die Produzent*innen, sogar in den Haupterzeugerländern (Indonesien, Philippinen und Indien erwirtschaften etwa 91 Prozent der weltweiten Ernte), meist in kleinbäuerlichen Strukturen organisiert sind. Leider lebt ein Großteil dieser Bäuerinnen und Bauern unter der Armutsgrenze. Auch die Tatsache, dass die steigende Nachfrage nach Kokosöl einen professionalisierten Anbau sowie einen höheren Flächenbedarf nach sich zieht, muss bedacht werden. Deswegen sollte auch bei Kokosöl und anderen Kokosprodukten unbedingt auf fairen Handel geachtet werden.

VERWENDUNG IN DER KÜCHE

Kokos ist überaus vielseitig in der Küche einsetzbar. Aufgrund des hohen Gehalts an gesättigten Fettsäuren lässt sich Kokosöl gut erhitzen und eignet sich wunderbar zum scharfen Anbraten und Backen. Der leicht süßliche und zugleich milde Kokosgeschmack ist auch in der Raw Cuisine willkommen. Besonders Raw Cakes, Pralinen und Eis lassen sich gut mit Kokosöl und -mus binden, da sie bei Kälte fest werden und den Kreationen Stabilität verleihen.

Kokosmilch ist eine tolle Alternative zu Sahne und vor allem in der asiatischen Küche sehr beliebt. Kokoschips und -flocken schmecken im Müsli, aber auch als knuspriges Topping auf Salaten, Suppen und Currys.

Hauptanbaugebiete der Kokosnuss

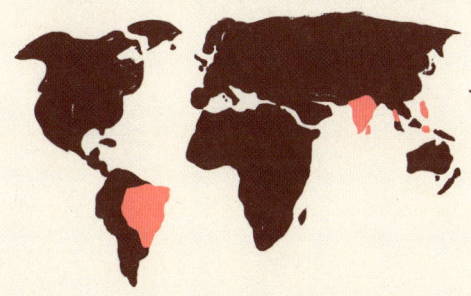

GEBRANNTE KÜRBIS-MANDEL-CREME

KOKOS · VANILLE · ORANGENSCHWIPS

Den Kürbis von Kernen und Fasern befreien und in Würfel schneiden. Die Kürbiswürfel in einem großen Topf mit etwas Wasser bedecken, zum Kochen bringen und bei mittlerer Hitze und geschlossenem Deckel in etwa 20 Minuten weich garen.

Das Kokosmus zum heißen Kürbis geben und etwas schmelzen lassen. Dann die Kürbis-Kokos-Masse mit Salz, Vanille und optional Agavendicksaft in den Mixer geben und pürieren, bis sich alles cremig verbunden hat (alternativ die Zutaten im Topf mit dem Stabmixer gründlich pürieren). Anschließend das Mandelmus und den Grand Marnier gut einarbeiten und die Creme mit dem Zitronensaft abschmecken – die Zitrone sollte nicht dominieren, nur für eine geschmackliche Balance sorgen.

Die noch flüssige Creme auf vier Dessertschälchen verteilen und 6–8 Stunden (oder über Nacht) in den Kühlschrank stellen. Vor dem Servieren gleichmäßig mit je 1 EL Zucker bestreuen und mit dem Bunsenbrenner karamellisieren, bis die typische Karamellkruste entstanden ist.

FÜR 4 PERSONEN

Zubereitungszeit
40 Minuten + 20 Minuten Garzeit + 6–8 Stunden Kühlzeit

Küchenzubehör
Stand- oder Stabmixer, Bunsenbrenner

Zutaten
- 600 g Hokkaido-Kürbis (oder geschälter Butternut-Kürbis)
- 30 g Kokosmus
- 1 Prise Salz
- 1 Msp. gemahlene Bourbonvanille
- optional: 2–3 EL Agavendicksaft (oder weißer Rohrzucker)
- 100 g Mandelmus
- 50 ml Grand Marnier (oder Cointreau)
- 2–3 EL Zitronensaft
- 4 EL weißer Rohrzucker

Gewusst wie:

Wer keinen Bunsenbrenner besitzt, lässt in einer beschichteten Pfanne 100 g Zucker karamellisieren und verteilt das heiße, noch flüssige Karamell blitzgeschwind über der Creme. Aber Vorsicht, vor dem Servieren etwas abkühlen lassen.

WINTER

Kindheitserinnerungen an modrige Waldböden, nasses Holz, den ersten Frost, Schneeflocken, den unvergleichlichen Duft von Weihnachtsplätzchen und Lebkuchen. Kürbis, Kohl und Wurzeln wollen in den Topf und auf die Teller. Deftig soll es sein und satt darf es machen, damit wir mit zufriedenem Bauchgefühl im Lesestuhl bei Kerzenschein innehalten können und die Ruhe des Winters fühlen.

Warmer Frühstücksreis mit Kokos und Orange	192
Cremiges Polenta-Porridge mit Zimtzwetschge	194
Roher Rote-Bete-Streich	196
Mais-Chowder mit Datteln im Auberginenmantel	202
Kürbiscremesuppe mit Knoblauchspinat	204
Rote Bete mit Kichererbse und Zitrone	206
Gerösteter Rosenkohl mit Macadamia	208
Nussfrikadellen auf Apfel-Topinambur-Carpaccio	210
Blumenkohlsteaks mit Ananasreis	216
Gebackene Kürbistaler mit grüner Salsa	218
Safranrisotto mit Puntarelle	220
No Cheese Fondue	224
Winterlicher Nussbraten mit Maronen	226
Weihnachtsflan auf Portweinpflaumen	234
Mandel-Marzipan-Taler mit Mandel-Dattel-Schmand	236
Erdnuss-Ananas-Lebkuchen	238

WARMER FRÜHSTÜCKSREIS MIT KOKOS UND ORANGE

VENERE-REIS · INGWER · PIMENT

Für den Reis das Kokosöl in einem großen Topf erhitzen. Ingwer und Piment kurz darin anrösten, den Reis dazugeben und ein paar Minuten mitbraten. Mit 300 ml Wasser aufgießen, das Salz hinzufügen, kurz aufkochen lassen, dann etwa 30 Minuten bei niedriger Hitze und geschlossenem Deckel köcheln lassen, bis das Wasser aufgesogen ist. Zwischendurch immer wieder umrühren.

Währenddessen für das Topping die Schale von 1 Orange abreiben und beide Orangen filetieren. Dazu die Orangen so schälen, dass die weiße Haut mitentfernt wird. Danach die Orangenfilets zwischen den dünnen Trennhäutchen keilförmig herausschneiden. Den Ingwer erst in hauchdünne Scheiben, dann in feine Streifen schneiden. Das Kokosöl in einer kleinen Pfanne erhitzen und den Ingwer darin bei mittlerer Hitze anrösten. Sobald er braun wird, die Kokoschips hinzufügen und leicht mitbräunen, dann beiseitestellen.

Wenn der Reis gar ist, das Kokosmus unterrühren, den Deckel auflegen und auf ausgeschalteter Herdplatte weitere 15 Minuten ziehen lassen. Den Orangenabrieb unter den fertigen Reis rühren.

Den Kokosreis auf Schälchen verteilen, mit Orangenfilets, Ingwerstreifen sowie Kokoschips anrichten und warm servieren.

FÜR 4 PERSONEN

Zubereitungszeit
1 Stunde

Für den Reis
- 2 EL Kokosöl
- 1 Msp. gemahlener Ingwer
- 1 Msp. gemahlener Piment
- 100 g Venere-Reis (schwarzer Reis)
- 1 Prise Salz
- 60 g Kokosmus

Für das Topping
- 2 Orangen
- 1 Stück Ingwer (etwa 4 cm)
- 1 EL Kokosöl
- 4 EL Kokoschips

Gewusst wie:

Beim Filetieren der Orangen am besten über einer Schüssel arbeiten, um den Saft aufzufangen. Die Reste der Orangen mit der Hand über der Schüssel ausdrücken. Der Saft kann mit heißem Wasser aufgegossen und mit ein paar Scheiben frischem Ingwer zum Frühstück genossen werden.

CREMIGES POLENTA-PORRIDGE MIT ZIMTZWETSCHGE

MANDEL · CHILI

FÜR 4 PERSONEN

Zubereitungszeit
40 Minuten

Für das Porridge
- 500 ml Mandelmilch (oder andere Pflanzenmilch)
- 1 Prise Salz
- 150 g Polentagries
- 2 EL Mandelmus

Für die Zimtzwetschge
- 400 g eingemachte Zwetschgen (oder Pflaumen)
- 2 EL Kokosöl (oder pflanzliche Margarine)
- 1 TL gemahlener Zimt
- 1 Prise Chilipulver
- 1 Prise Salz

Außerdem
- 40 g Mandeln

Die Mandelmilch mit dem Salz in einem großen Topf zum Kochen bringen. Die Polenta unter Rühren einrieseln und kurz aufkochen lassen. Den Deckel auflegen und auf ausgeschalteter Herdplatte etwa 15 Minuten quellen lassen.

Inzwischen die Zwetschgen durch ein Sieb abgießen, dabei den Sud auffangen. Das Kokosöl in einem kleinen Topf erhitzen. Die Zwetschgen darin bei mittlerer Hitze mit Zimt, Chili und Salz etwa 10 Minuten einkochen lassen. Dabei immer wieder etwas von dem aufgefangenen Sud zugießen, damit sie nicht anbrennen.

Die Mandeln grob hacken und in einer kleinen Pfanne ohne Fett bei mittlerer Hitze anrösten. Das Mandelmus unter die gequollene Polenta ziehen.

Das Porridge auf kleinen tiefen Tellern ausstreichen, die Zimtzwetschgen darauf anrichten und mit Mandeln bestreut warm genießen.

Blitzschnell gemacht:
Chai mit Mandelmilch

Ein selbst gemachter Chai mit Mandelmilch ist der perfekte Begleiter zu einem winterlichen Frühstück. Dafür 1 Stück Ingwer (3 cm) grob zerkleinern. Je ½ TL Fenchel- und Anissamen, schwarze Pfefferkörner, Kardamomkapseln und gemahlenen Zimt mit 4 Gewürznelken in einem großen Topf ohne Fett 2–3 Minuten anrösten. Den Ingwer und 1 l Wasser dazugeben, kurz aufkochen und 20 Minuten bei niedriger Hitze köcheln lassen. Vom Herd nehmen, 1 EL Assam-Tee hinzufügen und 10–15 Minuten ziehen lassen. Alles durch ein feines Sieb in eine Kanne abgießen, mit 1 EL Rohrohrzucker süßen und mit warmer Mandelmilch (Grundrezept s. S. 24) servieren.

ROHER ROTE-BETE-STREICH

MACADAMIA · CHILI

Die Macadamianüsse grob hacken. Den Wurzelansatz der Roten Beten entfernen, verwachsene oder faserige Stellen herausschneiden. Die Knollen grob würfeln.

Die Rote Bete mit Hefeflocken, Apfelessig, Tamari, Salz und Olivenöl im Mixer pürieren (alternativ die Zutaten in ein großes, hohes Gefäß geben und mit dem Stabmixer pürieren). Wenn die gewünschte Konsistenz erreicht ist, den Agavendicksaft unterrühren und optional mit etwas Chiliflocken, Pfeffer und/oder Essig abschmecken.

Den Rote-Bete-Streich in eine Schüssel füllen, die gehackten Macadamia bis auf 2 EL unterheben und mit den restlichen Nüssen bestreut servieren.

FÜR 4–8 PERSONEN

Zubereitungszeit
20 Minuten

Küchenzubehör
Stand- oder Stabmixer

Zutaten
- 120 g geröstete Macadamianüsse
- 400 g Rote Bete
- 20 g Hefeflocken
- 2 EL Apfelessig
- 2 EL Tamari-Sojasauce (kräftige, dunkle Sojasoße)
- 1 TL Salz
- 5 EL Olivenöl
- 1 EL Agavendicksaft
- optional: Chiliflocken, frisch gemahlener Pfeffer und/oder 1 Spritzer Essig

Tipp:
Der Streich hält sich abgedeckt im Kühlschrank etwa 6 Tage und macht sich als Aufstrich zu frisch gebackenem Brot ebenso gut wie als Dip zu Kartoffeln oder als Pestoalternative zu Nudeln.

DIE MACADAMIA

Die ursprünglich aus Australien stammende Macadamia trägt den Titel »Königin der Nüsse« und zählt zu den teuersten ihrer Art.

Die **Macadamia** gehört zur Familie der Silberbaumgewächse und ist ein kälteempfindlicher, immergrüner Baum, der bis zu 18 Meter hoch wird. Zum optimalen Gedeihen benötigt sie ein subtropisches, feuchtes Klima. Die Bäume tragen zum ersten Mal nach etwa 7 bis 10 Jahren Früchte und können fortan jährlich bis zu 50 Kilogramm Nüsse abwerfen. Nur zwei Arten der Macadamia werden zum Verzehr genutzt, die Nussfrüchte der anderen Sorten sind ungenießbar.

Die runde, wohlgeformte **Macadamianuss** besteht aus zwei Samenhälften. Jede Nuss wächst einzeln an einem herabhängenden Stiel und ist von einer verholzten Fruchtwand umschlossen, die sich wiederum unter einer dicken grünen Hülle verbirgt. Sobald die Macadamianüsse reif sind, lösen sich die Früchte von den Rispen und fallen zu Boden. Nach dem Sammeln werden die Nüsse getrocknet und geschält. Die grünen Fruchthüllen werden als Tierfutter oder Düngemittel verwendet, die harten Schalen mit speziellen Nussknackern von Hand geknackt, sodass die Kerne keinen Schaden nehmen.

GESUNDHEITLICHER NUTZEN

Mit einem Fettgehalt von etwa 72 Prozent gehört die Macadamia zu den fett- und kalorienreichsten Nüssen – dabei handelt es sich größtenteils um einfach ungesättigte Fettsäuren, die sich positiv auf den Cholesterinspiegel auswirken. Darüber hinaus enthält sie viele für die Verdauung wichtige Ballaststoffe, zahlreiche Mineralstoffe und Spurenelemente wie Kalium, Magnesium und Eisen sowie B-Vitamine und Vitamin E.

Für Hunde und Katzen sind Macadamiakerne übrigens giftig.

ÖKONOMISCHE HERAUSFORDERUNGEN

Ursprünglich stammt die Macadamia aus den Regenwäldern im Osten Australiens. Obschon der wenig wuchsfreudige Baum hohe Ansprüche an Boden und Klima stellt, wird er heute auch außerhalb Australiens kultiviert. Zu den Anbaugebieten gehören Hawaii (größter Produzent), Neuseeland, Südafrika, Malawi, Kenia, Ruanda, Israel, Brasilien, Kalifornien, Guatemala, Paraguay und Bolivien.

Aufgrund des schwierigen Anbaus, der arbeitsaufwendigen Ernte, der komplizierten Weiterverarbeitung sowie der steigenden Nachfrage zählt die Macadamia zu den teuersten Nüssen überhaupt. Leider sind Produktion und Handel der Macadamianuss oft nicht fair. Die Nüsse werden ungeknackt exportiert, meist bestimmen Landbesitzer*innen aus dem Ausland über die Ernten, sodass viele Erzeuger*innen in Abhängigkeit und Armut leben. Eine biologische Landwirtschaft wäre für alle Anbaugebiete erstrebenswert. Auch hier sollten wir als Konsument*innen bei jedem Nusskauf unsere Stimme für mehr Gerechtigkeit und Fairness weltweit abgeben.

VERWENDUNG IN DER KÜCHE

Macadamianüsse haben ein mildes, süßliches Aroma und durch den hohen Fettgehalt einen fast schon buttrigen, cremigen Geschmack. In der Küche der westlichen Welt haben sie bislang nur wenig Bedeutung. Durch das Rösten entwickelt die Nuss intensive Röstaromen, die sie in Kombination mit Gemüse unwiderstehlich machen. Ihre speckigen Noten harmonieren besonders mit deftigen Speisen.

Macadamiamus macht sich prima in herzhaften und süßen Cremes sowie als Topping von Müslis und Porridges.

Hauptanbaugebiete der Macadamia

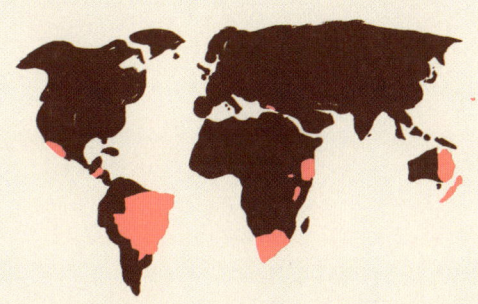

MAIS-CHOWDER MIT DATTELN IM AUBERGINENMANTEL

WINTERGEMÜSE · WALNUSS · KOKOS

FÜR 4 PERSONEN

Zubereitungszeit
1 Stunde 10 Minuten + Marinierzeit über Nacht + 20 Minuten Garzeit

Küchenzubehör
16 Zahnstocher oder 4 lange Holzspieße, Stand- oder Stabmixer

Für die Datteln
- 2 EL Olivenöl
- 2 EL Tamari-Sojasauce (kräftige, dunkle Sojasoße)
- 1,5 EL Ahornsirup
- 1 Prise geräuchertes Paprikapulver (z. B. Pimentón de la Vera)
- 1 Prise Salz
- 1 große Aubergine
- 8 Medjool-Datteln
- 16 Walnusshälften

Für die Suppe
- 2 Stangen Staudensellerie
- 2 Knoblauchzehen
- 1 Stück Ingwer (2–4 cm)
- 300 g gemischtes helles Wintergemüse (Pastinake, Petersilienwurzel, Knollensellerie)
- 700 g Zuckermais (Abtropfgewicht; aus dem Glas oder der Dose)
- ½ Zitrone
- 2 EL Kokosöl
- 800 ml Gemüsebrühe
- Salz
- frisch gemahlener Pfeffer
- Chiliflocken
- Kokoschips
- Schwarzkümmelsamen

Für die Datteln Olivenöl, Tamari, Ahornsirup, Paprikapulver und Salz in einer länglichen Form verrühren. Den Strunk der Aubergine entfernen, das Fruchtfleisch längs in hauchdünne Scheiben schneiden, diese längs halbieren. Die Streifen in der Marinade wenden, bis sie rundum bedeckt sind. Abgedeckt über Nacht (oder mehrere Stunden) darin ziehen lassen.

Den Backofen auf 160 °C (Umluft) vorheizen. Die Datteln halbieren, entsteinen und jeweils 1 Walnusshälfte hineindrücken. Je mit 1 marinierten Auberginenstreifen umwickeln und mit 1 Zahnstocher befestigen (alternativ je 4 umwickelte Datteln auf 1 langen Holzspieß stecken). Die Datteln auf ein mit Backpapier ausgelegtes Backblech setzen und im Ofen 20–25 Minuten backen, danach abgedeckt warm halten.

Währenddessen für die Suppe die Selleriestangen längs halbieren und würfeln. Den Knoblauch und den Ingwer schälen und in Stücke schneiden. Das Wintergemüse schälen und grob würfeln. Den Zuckermais durch ein Sieb abgießen. Die Schale der Zitrone abreiben, den Saft auspressen.

Das Kokosöl in einem großen Topf erhitzen. Sellerie, Knoblauch und Ingwer darin scharf anbraten. Das Wintergemüse und ¾ des Zuckermaises dazugeben und kurz mitrösten. Die Gemüsebrühe zugießen und zum Kochen bringen. Die Hitze reduzieren und alles etwa 20 Minuten bei geschlossenem Deckel köcheln lassen, bis das Gemüse weich ist. Etwas Zitronensaft und -abrieb unterrühren und den Chowder im Mixer 1–2 Minuten glatt pürieren (alternativ die Suppe im Topf mit einem Stabmixer gründlich pürieren). Mit Salz, Pfeffer, Chiliflocken und Zitronensaft abschmecken.

Die Suppe auf tiefe Teller verteilen, mit dem restlichen Mais, etwas Chiliflocken, Kokoschips sowie Schwarzkümmel bestreuen und mit den Datteln im Auberginenmantel servieren.

KÜRBISCREMESUPPE MIT KNOBLAUCHSPINAT

FENCHEL · KÜRBISKERN · ZIMT-CROÛTONS

Den Kürbis halbieren und von Kernen und Fasern befreien. Das holzige Ende des Fenchels entfernen. Das Gemüse in grobe Stücke schneiden. Etwas Öl in einem großen Topf erhitzen. Fenchel- und Anissamen darin bei mittlerer Hitze anrösten, bis es duftet. Das Gemüse dazugeben, mit Ingwer und Kurkuma bestäuben, kurz rundum scharf anbraten und mit dem Weißwein ablöschen. Etwas Wasser sowie das Salz hinzufügen und das Gemüse bei niedriger Hitze und geschlossenem Deckel leicht köchelnd etwa 25 Minuten weich garen lassen.

Inzwischen für die Zimt-Croûtons die Brotscheiben würfeln. Etwas Olivenöl in einer mittelgroßen Pfanne erhitzen und das Brot darin bei mittlerer bis starker Hitze rundum knusprig rösten. Die Würfel mit dem Zimt bestäuben, die Kürbiskerne hinzufügen und kurz mitrösten, bis sie zu springen beginnen. Die Croûtons aus der Pfanne nehmen und beiseitestellen.

In derselben Pfanne erneut etwas Öl erhitzen. Den Knoblauch schälen, mit der flachen Seite eines Messers andrücken und im Öl kurz rösten. Den Spinat dazugeben, mit Salz und Pfeffer würzen und unter Rühren bei mittlerer Hitze zusammenfallen lassen.

Das gare Gemüse samt Sud im Mixer 1–2 Minuten glatt pürieren (alternativ die Suppe im Topf mit einem Stabmixer gründlich pürieren). Falls die Suppe zu dickflüssig ist, nach Belieben noch etwas heißes Wasser hinzufügen und mit Ahornsirup, Essig sowie Cayennepfeffer abschmecken.

Die Suppe auf tiefe Teller verteilen und mit Knoblauchspinat, Zimt-Croûtons und Kürbiskernen garniert servieren.

FÜR 4 PERSONEN

Zubereitungszeit
1 Stunde

Küchenzubehör
Stand- oder Stabmixer

Für die Suppe
- 1 kg Hokkaido-Kürbis (oder geschälter Butternut-Kürbis)
- 1 Fenchelknolle
- Olivenöl
- 1 TL Fenchelsamen
- 1 TL Anissamen
- ½ TL gemahlener Ingwer
- ½ TL gemahlene Kurkuma
- 100 ml Weißwein (oder Wasser)
- 1 TL Salz
- Ahornsirup
- Apfelessig (alternativ milder Weißweinessig oder Zitronensaft)
- Cayennepfeffer

Für die Zimt-Croûtons
- 4 Scheiben (glutenfreies) Körner- oder Nussbrot (z. B. Hafer-Hanf-Brot, Rezept s. S. 152)
- Olivenöl
- ½ TL gemahlener Zimt
- 4 EL Kürbiskerne

Außerdem
- Olivenöl
- 2 Knoblauchzehen
- 200 g junger Spinat
- Salz
- frisch gemahlener Pfeffer

ROTE BETE MIT KICHERERBSE UND ZITRONE

BOHNEN-HUMMUS · MEERRETTICH · PEKANNUSS

FÜR 4 PERSONEN

Zubereitungszeit
1 Stunde

Küchenzubehör
Stand- oder Stabmixer

Für den Hummus
- 200 g verzehrfertige weiße Bohnen (Abtropfgewicht; aus dem Glas oder der Dose)
- 100 g Sesammus (Tahin)
- 5 EL Zitronensaft
- 5 EL Olivenöl
- 1 TL Salz
- 1 TL gemahlener Kumin (Kreuzkümmel)

Außerdem
- 8 kleine Knollen Rote Bete
- 1 Zitrone
- Olivenöl
- Salz
- frisch gemahlener Pfeffer
- geräuchertes Paprikapulver (z. B. Pimentón de la Vera)
- 200 g Kichererbsen (Abtropfgewicht; aus dem Glas oder der Dose)
- je 1 TL ganzer Kumin (Kreuzkümmel), Koriandersamen, Currypulver und gemahlener Zimt
- 1 Stück Meerrettich (3–4 cm)
- 100 g Pekannüsse (oder Walnüsse)
- optional: 1 Bund frische Petersilie

Für den Hummus die Bohnen in ein Sieb geben und kalt abbrausen. Im Mixer mit allen anderen Zutaten zu einer cremigen Masse pürieren (alternativ alles in ein hohes Gefäß geben und mit dem Stabmixer glatt pürieren).

Den Backofen auf 180 °C (Umluft) vorheizen. Den Wurzelansatz der Roten Beten entfernen, verwachsene oder faserige Stellen herausschneiden. Die Knollen achteln, die Zitrone in hauchdünne Scheiben schneiden. Beides in eine mittelgroße Schüssel geben, mit Öl benetzen, mit etwas Salz, Pfeffer sowie Paprikapulver würzen und vermengen. Auf einer Hälfte eines mit Backpapier ausgelegten Backblechs verteilen.

Die Kichererbsen in ein Sieb geben und kalt abbrausen, dann mit Kumin, Koriandersamen, Currypulver, Zimt und 2 EL Öl in der zuvor verwendeten Schüssel gründlich schwenken. Die Kichererbsen auf der anderen Hälfte des Blechs ausbreiten und zusammen mit der Bete-Zitronen-Mischung 25–35 Minuten im Ofen rösten. Zwischendurch immer wieder wenden, damit die Kichererbsen gleichmäßig bräunen.

Inzwischen den Meerrettich schälen und fein reiben. Die Pekannüsse in einer kleinen Pfanne ohne Fett bei mittlerer Hitze anrösten, dann grob hacken. Optional die Petersilie fein hacken.

Die geröstete Bete-Zitronen-Mischung in die Schüssel geben, den Meerrettich und optional die Petersilie unterheben. Den Hummus auf Tellern ausstreichen und mit der Rote-Bete-Mischung sowie Kichererbsen und Pekannüssen anrichten.

GERÖSTETER ROSENKOHL MIT MACADAMIA

GRANATAPFEL · RUCOLA · SESAM-ZITRONEN-SAUCE

Den Backofen auf 180 °C (Umluft) vorheizen. 3 EL Kokosöl in einem kleinen Topf erhitzen, bis es flüssig ist. Den Rosenkohl putzen, die Röschen halbieren und auf einem mit Backpapier ausgelegten Backblech verteilen. Das Kokosöl über den Rosenkohl gießen und ihn rundum damit benetzen. Im Ofen 20–25 Minuten rösten, bis die Röschen leicht gebräunt sind.

Währenddessen den Granatapfel halbieren und die Kerne herauslösen. Den Rucola grob zerkleinern. Das Sesammus mit 3 EL Zitronensaft und 200 ml Wasser in einer kleinen Schüssel zu einer cremigen Sauce verrühren und mit etwas Salz abschmecken.

Das restliche Kokosöl in einer großen Pfanne erhitzen. Fenchel- und Anissamen darin bei mittlerer Hitze anrösten, bis es duftet. Dann Kumin, Kurkuma, Currypulver und Kokosblütenzucker dazugeben und den gerösteten Ofenrosenkohl darin schwenken. Mit Salz, Pfeffer, Zitronensaft und ggf. etwas mehr Kokosblütenzucker abschmecken. Die Macadamianüsse unterheben.

Die Rosenkohl-Macadamia-Mischung auf Tellern anrichten, die Granatapfelkerne und den Rucola darüber verteilen und alles mit reichlich Sesam-Zitronen-Sauce beträufeln.

FÜR 4 PERSONEN

Zubereitungszeit
1 Stunde

Zutaten
- 4 EL Kokosöl
- 800 g Rosenkohl
- 1 Granatapfel
- 1 Bund Rucola
- 100 g Sesammus (Tahin)
- 4 EL Zitronensaft
- Salz
- 1 TL Fenchelsamen
- 1 TL Anissamen
- je ½ TL gemahlener Kumin (Kreuzkümmel), gemahlene Kurkuma und Currypulver
- 2 TL Kokosblütenzucker
- frisch gemahlener Pfeffer
- 80 g geröstete Macadamianüsse

WINTER

NUSSFRIKADELLEN AUF APFEL-TOPINAMBUR-CARPACCIO

MANDEL · SESAM · ORANGE · ZIMT

FÜR 4 PERSONEN

Zubereitungszeit
1 Stunde 15 Minuten

Küchenzubehör
Stab- oder Standmixer

Für das Carpaccio
- 4 kleine Knollen Topinambur
- 1 Apfel
- ½ Orange
- 50 g Mandeln
- 1 TL Senfsaat
- 4 EL Leinöl
- 2 EL Apfelessig
- 1 EL Ahornsirup
- 1 TL gemahlener Zimt
- Salz

Für die Nussfrikadellen
- Sesamsamen (oder Haferflocken)
- 150 g gemahlene Mandeln
- 50 g Lupinenmehl
- 20 g gemahlene Flohsamenschalen
- je 1 TL edelsüßes Paprikapulver, geräuchertes Paprikapulver und Salz
- 1 EL getrockneter Thymian
- 1 kleine Zwiebel
- 1–2 Stangen Staudensellerie
- 240 g verzehrfertige Kidneybohnen (Abtropfgewicht; aus dem Glas oder der Dose)
- 20 g Hefeflocken
- 3 EL Tamari-Sojasauce (kräftige, dunkle Sojasoße)
- 2 EL Sesammus (Tahin)
- Bratöl

Unschöne Stellen des Topinamburs entfernen und die Knollen in hauchdünne Scheiben hobeln. Den Apfel halbieren, entkernen und ebenfalls in Scheiben hobeln. Die Schale der Orange abreiben, den Saft auspressen. Die Mandeln in einer kleinen Pfanne ohne Fett bei mittlerer Hitze anrösten, dann grob hacken und beiseitestellen. Die Senfsaat in derselben Pfanne ebenso rösten, bis sie zu springen beginnt.

Leinöl, Apfelessig, Ahornsirup, Zimt sowie Orangensaft und -abrieb in einer großen Schüssel verrühren und mit etwas Salz abschmecken. Topinambur, Apfel und Senfsaat mit der Sauce vermischen und darin ziehen lassen, bis die Frikadellen fertig sind.

Für die Frikadellen einen Teller mit reichlich Sesamsamen bereitstellen. Mandeln, Lupinenmehl und Flohsamenschalen in einer großen Schüssel vermischen. Paprikapulver, Salz und Thymian untermengen. Die Zwiebel schälen und zusammen mit dem Sellerie sehr fein würfeln. Die Kidneybohnen in ein Sieb geben und kalt abbrausen, dann mit Zwiebel- und Selleriewürfeln, Hefeflocken, Tamari und Sesammus sowie den trockenen Zutaten gut vermengen. Alles mit dem Stabmixer grob pürieren – es dürfen noch Bohnenstücke zu sehen sein (alternativ die Zutaten in den Mixer geben und mithilfe der Pulsfunktion grob zerkleinern).

Aus dem Teig mit den Händen 8–12 Frikadellen formen und diese in den Sesamsamen wenden. Reichlich Bratöl in einer großen Pfanne erhitzen und die Frikadellen darin von beiden Seiten bei mittlerer Hitze knusprig braten.

Das Apfel-Topinambur-Carpaccio auf Teller verteilen, die Frikadellen darauf anrichten und mit den Mandeln bestreut servieren.

Dazu schmeckt:
ein Dip wie die Cashew-Sour-Cream (Rezept s. S. 169), ein Hummus (Rezept s. S. 103) oder Kartoffelpüree.

DIE PISTAZIE

Die Pistazie ist – wie die Cashew – eine Steinfrucht und gehört zur Familie der Sumachgewächse.

Der **Pistazienbaum** ist ein immergrüner Laubbaum, der eine Höhe von 12 Meter erreichen und bis zu 300 Jahre alt werden kann. Die **Echte Pistazie** bevorzugt Wärme sowie trockene, wüstenähnliche Regionen. Da es sich um einen diözischen (also getrenntgeschlechtlichen) Baum handelt, müssen männliche und weibliche Exemplare zusammen auf den Plantagen stehen, denn die Bestäubung erfolgt durch den Wind.

Pistazien wachsen – wie Trauben – gebündelt an Rispen und lassen sich im reifen Zustand von den Bäumen schütteln. Unter der meist ovalen, fleischigen Steinfrucht sitzt der grünliche, dreikantige **Pistazienkern**, der von einer violetten Haut sowie einer harten Schale umgeben ist.

Nach der im Frühherbst stattfindenden Ernte werden die Pistazien in Verarbeitungsstätten vom Fruchtfleisch befreit und in große Wasserbecken gegeben. Dabei sinken die reifen Kerne zu Boden, unreife Früchte schwimmen dagegen auf der Oberfläche und können abgeschöpft werden. Dann beginnt die Trocknung – entweder unter freiem Himmel in der Sonne, wie es in Ländern des Nahen Ostens Tradition ist, oder in den Verarbeitungsbetrieben, wenn die Ware für den Export bestimmt ist. Dabei springt die Schale leicht auf, was den Verzehr erleichtert.

GESUNDHEITLICHER NUTZEN

Die Pistazie ist in Heilkünsten wie der Ayurveda und der TCM als milde, magenfreundliche Zutat beliebt und wird wegen ihres breiten Mikronährstoffspektrums sehr geschätzt. Sie ist reich an Kalium, Kalzium, Magnesium, Eisen, Phosphor sowie Zink und liefert neben Vitamin C und E viele Vitamine des B-Komplexes. Die kleinen Kerne enthalten etwa 52 Prozent Fett und 18 Prozent Eiweiß. Wie die meisten Nüsse haben sie aufgrund der vielen ungesättigten Fettsäuren einen positiven Einfluss auf den Fettstoffwechsel und können Herz-Kreislauf-Erkrankungen und Arteriosklerose vorbeugen.

ÖKONOMISCHE HERAUSFORDERUNGEN

Der Anbau der Pistazie ist seit der Antike dokumentiert und findet vorwiegend im Mittelmeerraum und Nahen Osten statt. Früher galt die Pistazie als königliche Delikatesse und durfte vom gemeinen Volk nicht verzehrt werden. Heute ist das zum Glück anders. Aufgrund der stark schwankenden Erträge sowie der aufwendigen Verarbeitung haben Pistazien allerdings einen stolzen Preis. Auch der gelegentliche Befall mit Schimmelpilzen und die damit einhergehende Belastung mit krebserregenden Aflatoxinen führt dazu, dass es immer wieder zu Engpässen auf dem Weltmarkt kommt.

Weltweit werden etwa 1,4 Millionen Tonnen Pistazien geerntet, die meisten davon im Iran, in den USA (vor allem in Kalifornien) und in der Türkei. Europäische Pistazien stammen vornehmlich aus Griechenland, Spanien und Italien.

Der Mensch als Nimmersatt gefährdet leider das Fortbestehen dieser jahrtausendealten Pflanze. Wegen Überweidung und übermäßiger Fruchtnutzung führt die Weltnaturschutzunion den Pistazienbaum auf der Liste der potenziell gefährdeten Arten.

Beim Kauf von Pistazien gilt also auch: Auf Qualität achten und biologisch angebaute Kerne sowie idealerweise Erzeuger*innen bevorzugen, die ihre Anbau- und Erntestrukturen offenlegen.

VERWENDUNG IN DER KÜCHE

Wer ungeschälte Pistazien kauft, muss beachten, dass rund die Hälfte des Gewichts beim Schälen verloren geht. Am besten kommt das leicht süße, würzige Nussaroma der Pistazie in milden Speisen zur Geltung. Geröstet und gehackt schmeckt sie herrlich über frische Salate oder cremige Suppen gestreut und veredelt Süßspeisen. Beliebt ist sie außerdem als Knabberei und Backzutat.

Hauptanbaugebiete der Pistazie

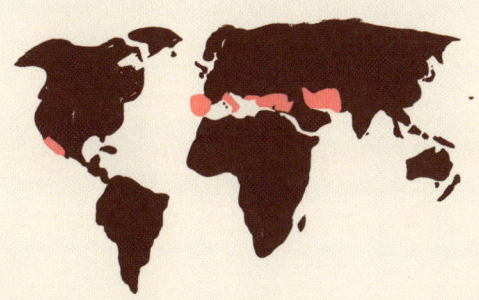

BLUMENKOHLSTEAKS MIT ANANASREIS

VANILLE · CURRY · KÜRBISKERN

Das Kokosöl in einem kleinen Topf erhitzen, bis es flüssig ist. Den Backofen auf 180 °C (Umluft) vorheizen. Die Ananas aus dem Einweichwasser nehmen, mit Kokosöl, Gewürzen, Tamari, Zucker und Salz in ein hohes Gefäß geben und mit dem Stabmixer pürieren, bis eine streichfähige Paste entstanden ist (alternativ die Zutaten in den Mixer geben und pürieren). Falls sie zu fest ist, noch etwas Einweichwasser unterrühren.

Den Blumenkohl von den äußeren Blättern sowie dem unteren Teil des Strunks befreien und in etwa zwölf Schnitze schneiden. Diese auf ein mit Backpapier ausgelegtes Backblech geben, mit der Ananasmischung dick bestreichen und 20–30 Minuten im Ofen garen, bis der Blumenkohl knusprig gebräunt ist.

Inzwischen für den Ananasreis den Reis in einer Schüssel gründlich waschen, durch ein Sieb abgießen, abbrausen und mit 300 ml Wasser, Ananas, Currypulver und Salz in einem mittelgroßen Topf erhitzen. Sobald das Wasser kocht, die Hitze reduzieren, den Deckel auflegen und den Reis etwa 20 Minuten leicht köcheln lassen, bis das Wasser aufgesogen ist.

Die Kürbiskerne in einer kleinen Pfanne ohne Fett anrösten, bis sie zu springen beginnen.

Den Ananasreis auf Teller verteilen und die gebackenen Blumenkohlschnitze darauf anrichten. Mit dem Kürbiskernöl beträufeln und mit Kürbiskernen bestreut servieren.

Tipp:
Wer die Blumenkohlsteaks lieber in Scheiben servieren möchte, benötigt 2 Blumenkohlköpfe, aus deren Mitte jeweils 2 dicke Scheiben herausgeschnitten werden. Der restliche Blumenkohl kann zu Tabouté (Rezept s. S. 108/109) oder Suppe (Rezept s. S. 157) verarbeitet werden.

FÜR 4 PERSONEN

Zubereitungszeit
45 Minuten + 15 Minuten Einweichzeit + 20 Minuten Garzeit

Küchenzubehör
Stab- oder Standmixer

Für die Blumenkohlsteaks
- 4 EL Kokosöl
- 50–80 g getrocknete Ananas, 15 Minuten in kochendem Wasser eingeweicht
- je ½ TL gemahlene Kurkuma, gemahlener Kardamom und gemahlene Bourbonvanille
- 1 Msp. Chiliflocken
- 2 EL Tamari-Sojasauce (kräftige, dunkle Sojasoße)
- 2 EL Kokosblütenzucker
- 1 Prise Salz
- 1 großer Blumenkohl

Für den Ananasreis
- 200 g Basmatireis
- 50 g getrocknete Ananas
- 1 TL Currypulver
- ½ TL Salz

Außerdem
- 4 EL Kürbiskerne
- 4 EL Kürbiskernöl

GEBACKENE KÜRBISTALER MIT GRÜNER SALSA

RUCOLA · MISO · HASELNUSS

FÜR 4 PERSONEN

Zubereitungszeit
35 Minuten

Für die Kürbistaler
- 1 großer Butternut-Kürbis (mit möglichst langem »Hals«)
- Olivenöl
- Salz
- frisch gemahlener Pfeffer
- 1 TL Chiliflocken
- 1 TL gemahlener Zimt

Für die Sauce
- 100 ml Haselnussöl
- 5 EL milder Apfelessig (oder Traubenessig)
- 1–2 EL Ahornsirup
- 30 g helles Miso (Shiro-Miso oder Lupinen-Miso)
- 1 TL Senf

Für die Salsa
- 1 Bund Rucola
- 1 Bund frische Petersilie (oder Bärlauch, sobald er ab März erhältlich ist)
- 1 Zitrone
- Salz
- frisch gemahlener Pfeffer

Außerdem
- 100 g geröstete Haselnüsse

Den Backofen auf 170 °C (Umluft) vorheizen. Für die Taler den »Kürbishals« in vier dicke oder acht dünne Scheiben schneiden (den restlichen Kürbis anderweitig verwenden, s. Tipp). Diese auf einem mit Öl gefetteten Backblech verteilen, die Oberflächen dünn mit Öl bepinseln, mit etwas Salz und Pfeffer würzen sowie mit Chiliflocken und Zimt bestäuben. Im Ofen etwa 20 Minuten backen, bis der Kürbis weich und leicht gebräunt ist.

Währenddessen für die Sauce alle Zutaten in einer kleinen Schüssel gründlich verrühren.

Den Rucola und die Petersilie für die Salsa fein schneiden und in eine mittelgroße Schüssel geben. Die Schale der Zitrone abreiben, den Saft auspressen. Beides mit der Rucola-Petersilien-Mischung zu einer Salsa verrühren und mit Salz und Pfeffer abschmecken.

Die Haselnüsse grob hacken. Die Kürbistaler auf Tellern anrichten, mit etwas Sauce beträufeln und zusammen mit der Salsa sowie mit Haselnüssen bestreut servieren.

Dazu schmecken:
Reisbandnudeln oder eine cremige Polenta.

Tipp:
Der restliche Butternut-Kürbis kann in den darauffolgenden Tagen zu einer Suppe (Rezept s. S. 205) oder einem Kürbisstreich mit Paranuss (Rezept s. S. 154) verarbeitet werden.

SAFRANRISOTTO MIT PUNTARELLE

CASHEW-WEISSWEIN-SAHNE · ZITRONE · MACADAMIA

FÜR 4 PERSONEN

Zubereitungszeit
1 Stunde 15 Minuten (+ etwa 30 Minuten für den Nussparmesan)

Rezeptbild s. S. 220/221

Unschöne Blätter der Puntarelle entfernen, den unteren Teil des Strunks abschneiden. Die großen Blätter ringsherum lösen und die 6–8 schönsten beiseitelegen (die restlichen Blätter anderweitig verwenden, s. Tipp). Das Herz herauslösen, Blätter und Herz gründlich säubern. Das Herz in kleine Teile brechen, die Blätter quer in feine Streifen schneiden.

Die Schale 1 Zitrone abreiben, den Saft auspressen. Die andere Zitrone in hauchdünne Scheiben schneiden. Die Puntarelleblätter mit dem Zitronensaft, etwas Salz und 2 EL Öl in einer mittelgroßen Schüssel vermischen, dann beiseitestellen. Den Knoblauch schälen und in feine Scheiben schneiden. Die Safranfäden in einer Tasse mit warmem Wasser einlegen.

2 EL Öl in einem großen Topf erhitzen und den Knoblauch sowie den Reis darin kurz unter Rühren bei mittlerer Hitze anbraten, bis der Knoblauch etwas Farbe bekommt und am Boden anzusetzen beginnt. Mit dem Wein ablöschen, die Röstaromen vom Boden lösen und die Flüssigkeit vollständig einkochen lassen. Nun das Safranwasser zugießen (die Fäden zerfallen beim Kochen) und erneut einkochen lassen. Mit ⅓ der Gemüsebrühe aufgießen, das Risotto aufkochen, dann die Hitze reduzieren, die Zitronenscheiben hinzufügen und alles unter gelegentlichem Rühren leicht köcheln lassen. Immer wieder Brühe nachgießen, sobald die Flüssigkeit aufgesogen wurde. Weiterköcheln lassen, bis der Reis gar ist.

Inzwischen etwas Öl in einem kleinen Topf erhitzen und die Puntarelleherzen darin scharf anbraten. Mit etwas Wasser (oder etwas Weißwein) ablöschen und bei niedriger

Hitze und geschlossenem Deckel 3–5 Minuten dünsten. Die Macadamia grob hacken.

Für die Sahne das Cashewmus mit 100 ml heißem Wasser, Weißwein und Salz in einer mittelgroßen Schüssel vermixen. Die Sahne sowie den Zitronenabrieb unter das Risotto rühren und mit Salz und Pfeffer abschmecken.

Das Risotto auf Teller verteilen, die Puntarelleherzen mittig auf den Reis setzen und die marinierten Blätter darauf anrichten. Mit Macadamia und optional Nussparmesan bestreut servieren.

Tipp:
Die restlichen Blätter der Puntarelle lassen sich wunderbar 2–3 Tage kühl aufbewahren und unter Salate mischen oder wie Spinat bzw. Mangold als Pfannengemüse zubereiten.

Für das Risotto
- 1 großer Kopf Puntarelle (Vulkanspargel)
- 2 Zitronen
- Salz
- Olivenöl
- 1–2 Knoblauchzehen
- ein paar Safranfäden
- 400 g Risottoreis
- etwa 100 ml Weißwein
- 500–600 ml Gemüsebrühe
- 100 g geröstete Macadamianüsse
- frisch gemahlener Pfeffer
- optional: Nussparmesan nach Belieben (Grundrezept s. S. 27)

Für die Sahne
- 100 g Cashewmus
- 2–3 EL Weißwein (oder Zitronensaft)
- 1 TL Salz

NO CHEESE FONDUE

WEISSE BOHNEN · CASHEW · MISO · PFEFFER

FÜR 4–8 PERSONEN

Zubereitungszeit
45 Minuten

Küchenzubehör
Stand- oder Stabmixer

Zutaten
- 150 g verzehrfertige weiße Bohnen (Abtropfgewicht; aus dem Glas oder der Dose)
- 100 g Cashewmus
- 20 g Hefeflocken
- 20 g Reismiso (oder Lupinen-Miso)
- 1 TL scharfer Senf
- 1 Msp. gemahlene Kurkuma
- 1 TL Salz
- 1 Knoblauchzehe
- 30 g Tapiokastärke (geschmacksneutrale Stärke aus der Maniokwurzel, im Asialaden erhältlich; alternativ Maisstärke)
- etwa 200 ml trockener Weißwein
- Rapsöl
- gemahlener weißer Pfeffer
- Fonduezutaten nach Belieben (s. Dazu schmecken)

Die Bohnen in ein Sieb geben und kalt abbrausen. Bohnen, Cashewmus, Hefeflocken, Miso, Senf, Kurkuma, Salz und 500 ml Wasser in den Mixer geben und zu einer homogenen Creme pürieren (alternativ alle Zutaten in ein großes, hohes Gefäß geben und mit dem Stabmixer pürieren).

Den Knoblauch schälen und fein hacken. Die Tapiokastärke mit der Hälfte des Weißweins in einer kleinen Schüssel glatt rühren.

In einem großen Topf etwas Öl erhitzen und den Knoblauch bei mittlerer Hitze anbraten, bis er duftet. Die Bohnen-Cashew-Creme dazugeben und unter Rühren zum Kochen bringen. Sobald die Creme kocht, die gelöste Tapiokastärke dazugeben und unter Rühren bei schwacher Hitze köcheln lassen, bis die Masse dickflüssiger wird und anfängt, Fäden zu ziehen. Nach und nach den restlichen Weißwein unterrühren, bis die gewünschte Konsistenz erreicht ist. Mit Pfeffer und ggf. etwas mehr Weißwein abschmecken, vom Herd nehmen und in ein Fonduetöpfchen umfüllen.

Die Fonduezutaten auf Onduegabeln durchziehen und genießen. Die Creme immer mal wieder umrühren, damit nichts am Boden ansetzt.

Dazu schmecken:
gewürfeltes Baguette oder kleine Kartoffeln zum Hineintauchen, ein winterlicher Salat als Beilage und ein Glas Weißwein.

WINTERLICHER NUSSBRATEN MIT MARONEN

CHAMPIGNON · SELLERIE · CASHEW · THYMIAN

FÜR 6–8 PERSONEN

Zubereitungszeit
1 Stunde 20 Minuten + 35 Minuten Backzeit + 15 Minuten Ruhezeit

Küchenzubehör
Standmixer, Handrührgerät oder Küchenmaschine, Kastenform (30 × 11 cm)

Rezeptbild s. S. 226/227

Für den Braten die Flohsamenschalen mit 200 ml Wasser in einer kleinen Schüssel verrühren und bis zur Weiterverwendung quellen lassen. Die Champignons putzen und in kleine Stücke schneiden. Den Staudensellerie in feine Scheiben schneiden. Den Knollensellerie schälen und fein raspeln oder würfeln. Etwas Bratöl in einer großen Pfanne erhitzen. Zuerst die Pilze scharf anbraten, dann das restliche Gemüse einige Minuten mitbräunen. Mit 4 EL Tamari ablöschen, das Tomatenmark unterrühren, dann alles auf ausgeschalteter Herdplatte und bei geschlossenem Deckel bis zur Weiterverwendung fertiggaren lassen.

Die getrockneten Pilze im Mixer zu Pilzpulver mahlen. Die Cashews dazugeben und grob zerkleinern. Alles in eine große Schüssel füllen. Den Knoblauch schälen und fein würfeln. Zusammen mit Thymian, Hefeflocken, ½ TL Salz, Buchweizenflocken, Maronen und optional Pflaumen zur Pilz-Cashew-Masse geben und vermischen. Den Rotwein, 2 EL Tamari sowie das Pilzgemüse aus der Pfanne hinzufügen und alles vermengen. Die gequollenen Flohsamenschalen gründlich mit den Händen (oder den Knethaken des Handrührgeräts bzw. der Küchenmaschine) unterkneten, bis eine formbare Masse entstanden ist. Optional das Lupinenmehl zur Bindung einarbeiten. Die Masse mit Salz abschmecken.

Den Backofen auf 180 °C (Umluft) vorheizen. Für die Glasur alle Zutaten in einer kleinen Schüssel gut verrühren. Die Bratenmasse in eine mit Backpapier ausgekleidete Kastenform füllen, mit dem Löffelrücken festdrücken, mit der Hälfte der Glasur bepinseln und im Ofen 35–40 Minuten backen, bis die Oberfläche leicht gebräunt ist. Zwischendurch immer wieder mit etwas Glasur bepinseln. Den Braten 15 Minuten im ausgeschalteten Ofen ruhen lassen, dann samt Backpapier aus der Form heben und mit einem scharfen Messer in Scheiben schneiden.

Dazu schmecken:

ganz klassisch Rotkohl und Kartoffelpüree. Der Nussbraten lässt sich auch zu Gratin genießen oder am nächsten Tag kalt in Scheiben geschnitten aufs Brot legen.

Für den Nussbraten
- 50 g Flohsamenschalen
- 200 g Champignons (oder Austernpilze)
- 100 g Staudensellerie
- 100 g Knollensellerie (oder Petersilienwurzel)
- Bratöl
- 6 EL Tamari-Sojasauce (kräftige, dunkle Sojasoße)
- 2 EL Tomatenmark
- 20 g getrocknete Pilze
- 200 g Cashewbruch (oder gemischte Nüsse)
- 2 Knoblauchzehen
- 1 EL getrockneter Thymian
- 40 g Hefeflocken
- Salz
- 100 g Buchweizenflocken
- 100 g gegarte Maronen
- optional: 50 g getrocknete Pflaumen
- 50 ml Rotwein (oder passierte Tomaten)
- optional: 50 g Lupinenmehl

Für die Glasur
- 80 ml Olivenöl
- 80 ml Tamari-Sojasauce (kräftige, dunkle Sojasoße)
- 80 g Ahornsirup
- ½ TL Salz
- 1 Msp. geräuchertes Paprikapulver (z. B. Pimentón de la Vera)

DIE MARONE

Die auch als Edel- und Esskastanie bekannte Marone zählt botanisch gesehen zu den Nüssen, obwohl sie sich nicht nur optisch von anderen Vertretern ihrer Art unterscheidet.

Die **Edelkastanie** gehört zur Familie der Buchengewächse und ist ein sommergrüner Laubbaum, der eine Höhe von bis zu 35 Meter erreicht. Sie liebt die Wärme und gedeiht vornehmlich in gebirgigen Gefilden des moderaten Mittelmeerraums. Dabei mag sie es weder zu nass noch zu trocken. Als Holz- und Nahrungslieferant wurde die Edelkastanie schon im Mittelalter in den Bergregionen Südeuropas angebaut. Ihre essbaren Früchte zählten bis Ende des 19. Jahrhunderts zu den Hauptnahrungsmitteln der Landbevölkerung.

Die Bäume blühen erstmalig im fortgeschrittenen Alter von 20 bis 25 Jahren (Kulturformen schon etwas früher) und tragen erst dann ihre stärkereichen Nussfrüchte. Die essbaren Kastanien werden in drei Typen unterteilt – Kastanien, Maronen (auch **Maroni**) und Dauermaronen –, die sich sowohl optisch als auch geschmacklich leicht unterscheiden. Die Marone gilt dabei als die wohlschmeckendste Art.

Jede **Marone** wächst in einem stacheligen grünen Fruchtbecher. Gegen Ende der Reifezeit trocknen die Stacheln aus und verfärben sich braun. Der Fruchtbecher springt auf und gibt die Nuss frei. Bei der Wildform ist dieser klein und enthält meist nur eine Marone, bei der Kulturform ist er größer und fasst bis zu drei Nüsse. Der essbare Samen ist von einer dünnen Haut und einer ledrigen braunen, nicht vollständig verhärteten Schale umschlossen. Die Schale lässt sich nicht knacken, sondern muss eingeritzt werden, um die Nussfrucht herauszulösen.

Maronen können unbehandelt nicht lange gelagert werden, da sie aufgrund des hohen Stärkegehalts schnell faulen. Zur Haltbarmachung werden sie fermentiert, getrocknet, eingefroren, geräuchert oder auch begast.

GESUNDHEITLICHER NUTZEN

Maronen haben ein interessantes Nährstoffprofil. Anders als andere Nüsse enthalten sie kaum Fett (gerade einmal 2 Prozent), etwa 3 Prozent Protein und reichlich komplexe Kohlenhydrate (etwa 40 Prozent). Die Eiweiße sind frei von Prolamin und Glutenin, weswegen sich Maronen und Kastanienmehl wunderbar für die glutenfreie Ernährung eignen.

Darüber hinaus punkten die Nussfrüchte mit einem hohen Gehalt an essenziellen Aminosäuren. Mit einem Verhältnis von 7:1 von Omega-6- zu Omega-3-Fettsäuren schneidet die Marone neben der Walnuss (6:1) von allen Nüssen am besten ab (ideal ist ein Fettsäureverhältnis von 5:1). Auch das macht sie als Lebensmittel seit jeher unglaublich wertvoll. Außerdem liefert sie richtig viel Kalium sowie die Vitamine C, E und sämtliche B-Vitamine. Für rein pflanzlich lebende Menschen sind Maronen also eine super Ergänzung auf dem Speiseplan.

ÖKONOMISCHE HERAUSFORDERUNGEN

Edelkastanien sind auch hierzulande heimisch und wachsen vor allem in den wärmeren Regionen des Südens. Deutlich verbreiteter und ertragreicher sind sie allerdings in Süd- und Westeuropa. Weltweit werden etwa 2,4 Millionen Tonnen Esskastanien pro Jahr geerntet, darunter auch die Früchte der chinesischen und japanischen Kastanie. Größter Produzent mit fast 2 Millionen Tonnen im Jahr ist China, gefolgt von Spanien, Bolivien, der Türkei, Südkorea, Italien und Portugal. In der Schweiz und in Südfrankreich gibt es zudem viele kleine lokale Betriebe, die ihre Maronenernten ausschließlich regional vermarkten.

Bedroht wird der Baumbestand vor allem durch den Befall von Kastanienrindenkrebs und der Tintenkrankheit, die durch einen Pilz im Wurzelgeflecht ausgelöst wird.

VERWENDUNG IN DER KÜCHE

Maronen sollten nicht roh gegessen werden und erhalten erst beim Kochen oder Rösten ihren zartsüßen, nussigen Geschmack. Mit ihrem typischen Aroma und ihrer etwas mehligen Konsistenz schmecken sie besonders gut zu Pilzen in Mandelsahne, im Nussbraten oder als Beilage zu geschmortem Kohlgemüse. In der kalten Jahreszeit erfreuen sie sich als »heiße Maroni« großer Beliebtheit.

Kastanienmehl findet in der Backstube vielseitige Verwendung – sowohl in herzhaften Broten als auch in süßem Gebäck. Zu Püree verarbeitet eignen sich Maronen wunderbar für die gesundheitsbewusste, süße Küche.

Hauptanbaugebiete der Marone

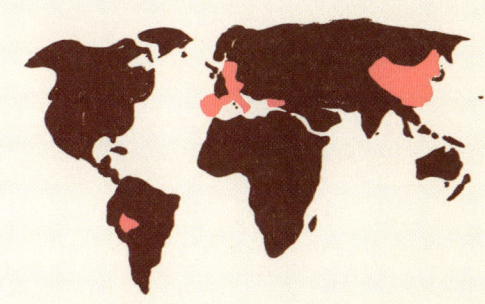

WEIHNACHTSFLAN AUF PORTWEINPFLAUMEN

MARONE · DATTEL · SPEKULATIUS · MANDEL

FÜR 8 PERSONEN

Zubereitungszeit
50 Minuten + Einweichzeit über Nacht + 8 Stunden Kühlzeit

Küchenzubehör
Stand- oder Stabmixer, 8 sturzfähige kleine Förmchen

Für den Flan
- 200 g gegarte Maronen
- 100 g Datteln, entsteint und über Nacht in Wasser eingeweicht
- 500 ml Vanille-Sojadrink
- 1 Msp. Spekulatiusgewürz
- 1 Prise Salz
- optional: Ahornsirup
- 20 g Maisstärke
- 1 TL Agar-Agar

Für die Portweinpflaumen
- 400 g eingemachte Pflaumen (oder Zwetschgen)
- 50 ml Portwein
- 1 Zimtstange (oder etwas gemahlener Zimt)

Außerdem
- 50 g Mandeln

Die Maronen grob zerkleinern. Die Datteln aus dem Einweichwasser nehmen. Die Hälfte des Sojadrinks mit Maronen, Datteln, Spekulatiusgewürz und Salz im Mixer sehr fein pürieren (alternativ die Zutaten in ein großes, hohes Gefäß geben und mit dem Stabmixer pürieren). Nach Belieben mit etwas mehr Gewürz und optional etwas Ahornsirup abschmecken – der Flan darf eine intensive Weihnachtsnote haben und soll süß, aber nicht zuckrig schmecken. Die Maisstärke und das Agar-Agar unterrühren.

Den restlichen Sojadrink in einem großen Topf erhitzen. Sobald die Flüssigkeit köchelt, die vorbereitete Masse mit dem Schneebesen einrühren. Unter ständigem Rühren 1–2 Minuten bei mittlerer Hitze köcheln lassen, bis die Masse fester wird – dabei aufpassen, dass nichts am Boden ansetzt. Den heißen Flan in die Förmchen füllen, etwas abkühlen lassen und mindestens 8 Stunden im Kühlschrank fest werden lassen.

Für die Portweinpflaumen die Pflaumen durch ein Sieb abgießen, dabei den Sud auffangen. Die Pflaumen mit dem Portwein und der Zimtstange in einem mittelgroßen Topf bei mittlerer Hitze 25–30 Minuten einkochen lassen, bis sie fast zerfallen. Dabei immer wieder etwas von dem aufgefangenen Sud zugießen, damit sie nicht anbrennen.

Währenddessen die Mandeln in einer kleinen Pfanne ohne Fett bei mittlerer Hitze anrösten, dann grob hacken.

Zum Servieren die Flans mit einem dünnen Messer vom Rand der Förmchen lösen und auf Dessertteller stürzen. Mit warmen Portweinpflaumen und Mandeln bestreut genießen.

Dazu schmeckt:
jeweils ein Klecks Mandel-Dattel-Schmand (Rezept s. S. 237).

MANDEL-MARZIPAN-TALER MIT MANDEL-DATTEL-SCHMAND

ORANGE · SEIDENTOFU · ZIMT

Den Backofen auf 170 °C (Umluft) vorheizen. Für die Taler das Marzipan mit einer Reibe fein raspeln. Den Zucker und die Margarine in einer großen Schüssel mit den Quirlen des Handrührgeräts (oder der Küchenmaschine) cremig schlagen. Marzipan, Mandelmus und Salz unterrühren und mit dem Mehl nur so lange verrühren, bis kleine krümelige Streusel entstanden sind. Von den Streuseln 8–10 EL abnehmen und beiseitestellen. Die Hafermilch und den Orangenabrieb zu den restlichen Streuseln in die Schüssel geben und etwa 1 Minute zu einem cremigen, aber zähen Teig verrühren.

Mithilfe von zwei feuchten Esslöffeln tischtennisgroße Portionen vom Teig abstechen und mit etwas Abstand auf zwei mit Backpapier ausgelegte Backbleche setzen. Jeweils in die Mitte eine Mulde drücken und ein paar Streusel hineingeben. Im Ofen in etwa 15 Minuten goldgelb backen, dann auf den Blechen etwas abkühlen lassen.

Für den Schmand die Datteln mit dem Einweichwasser im Mixer pürieren. Die restlichen Zutaten dazugeben und sehr gründlich zu einer glatten Creme vermixen. (Alternativ die Zutaten in ein großes, hohes Gefäß geben und mit dem Stabmixer glatt pürieren.)

Die Mandel-Marzipan-Taler zusammen mit dem Mandel-Dattel-Schmand servieren.

FÜR ETWA 16 STÜCK

Zubereitungszeit
1 Stunde + Einweichzeit über Nacht

Küchenzubehör
Handrührgerät oder Küchenmaschine, Stand- oder Stabmixer

Für die Taler
- 100 g Marzipan
- 60 g Rohrohrzucker
- 80 g pflanzliche Margarine (Zimmertemperatur)
- 120 g Mandelmus
- 1 Prise Salz
- 250–300 g (glutenfreies) Hafermehl (oder Dinkelmehl Type 630)
- 120 ml Hafermilch
- 2 EL Orangenabrieb

Für den Schmand
- 100 g Datteln, entsteint und über Nacht in etwas Wasser eingeweicht
- 200 g Seidentofu (oder Sojajoghurt)
- 100 g Mandelmus
- 1 Prise gemahlener Zimt
- 1 Prise Salz

Tipp:
Der Mandel-Dattel-Schmand schmeckt auch als Sahnealternative zu Apfelkuchen, Pfannkuchen, Obstsalat oder Flan (Rezept s. S. 234).

ERDNUSS-ANANAS-LEBKUCHEN

DATTEL · KAKAOBUTTER

FÜR ETWA 12 STÜCK

Zubereitungszeit
1 Stunde 15 Minuten

Küchenzubehör
Handrührgerät oder Küchenmaschine

Für die Lebkuchen
- 130 g Erdnüsse
- 100 g Datteln, entsteint
- 40 g getrocknete Ananas
- 2 TL Lebkuchengewürz
- 1 Prise Salz
- optional: etwas Zitronenabrieb (oder Orangenabrieb)
- 30 g Kakaobutter (oder Kokosöl)
- 80 g Erdnussmus
- 3–4 EL Lupinenmehl (oder Sojamehl)
- runde Oblaten (5–8 cm Ø)

Für den Guss
- 50 g Erdnüsse
- 30 g Kakaobutter (oder Kokosöl)
- 50 g Erdnussmus
- 2 EL Ahornsirup (oder Kokosblütenzucker)
- 2 EL schwach entöltes Kakaopulver

Für die Lebkuchenmasse die Erdnüsse fein hacken. Die Datteln in kleine Stücke schneiden, die Ananas klein zupfen. Erdnüsse, Datteln und Ananas mit dem Lebkuchengewürz und dem Salz in einer großen Schüssel vermengen. Optional den Zitronenabrieb hinzufügen.

Die Kakaobutter in einer Schüssel über dem Wasserbad erwärmen und schmelzen lassen. Zusammen mit dem Erdnussmus zu den trockenen Zutaten geben und alles mit den Knethaken des Handrührgeräts (oder der Küchenmaschine) verrühren. Nach und nach das Lupinenmehl einarbeiten, bis ein formbarer Teig entstanden ist. Mit den Händen noch einmal geschmeidig kneten. Die Masse mit einem Teelöffel gleichmäßig auf die Oblaten streichen.

Für den Guss die Erdnüsse grob hacken. Die Kakaobutter wieder in einer Schüssel über dem Wasserbad schmelzen. Zusammen mit dem Erdnussmus und dem Ahornsirup in einer mittelgroßen Schüssel glatt rühren. Das Kakaopulver hinzufügen und alles zu einer schokoladigen Creme verschlagen. Die Lebkuchen damit bestreichen, mit einigen Erdnüssen bestreuen und in den Kühlschrank stellen, damit der Guss schnell fest wird.

Tipp:
Die Lebkuchen in einer gut verschließbaren Box kühl und trocken aufbewahren. So halten sie sich mindestens 3–4 Wochen.

KERNE UND SAMEN

Knackige Kerne und Samen sind weltweit beliebt und seit jeher ein wichtiger Bestandteil unserer Ernährung.

SONNENBLUMENKERNE

Die **Sonnenblume** stammt ursprünglich aus Nord- und Mittelamerika und wurde von spanischen Seefahrern Mitte des 16. Jahrhunderts nach Europa gebracht. Bereits ab dem 17. Jahrhundert wurden ihre flachen, leicht spitz zulaufenden Samen zum Backen oder als Kaffee- bzw. Trinkschokoladenersatz genutzt. Heute finden sie in der Küche vor allem zu Sonnenblumenkernöl gepresst Verwendung.

So gesund der **Sonnenblumenkern** an sich ist – er ist z. B. ein hervorragender Folsäure- und Magnesiumlieferant –, so nachteilig ist das isolierte Öl für unsere Gesundheit. Sonnenblumenkerne sowie ihr Öl enthalten fast ausschließlich ungesättigte Fettsäuren, allerdings viel zu viel Linolsäure, die für ein ungünstiges Verhältnis von Omega-6- zu Omega-3-Fettsäuren sorgt. Beim Verzehr der ganzen Kerne überschreitet man keine kritische Menge, da davon in der Regel nicht mehr als 20 bis 40 Gramm auf einmal gegessen werden. Darüber hinaus sind die Fettsäuren in das natürliche Nährstoffprofil der Samen eingebettet, inklusive aller Faser- und Ballaststoffe. Nutzt man Sonnenblumenkernöl dagegen für Salatsaucen oder Marinaden, zum Braten oder Frittieren, zum Emulgieren von Mayonnaise oder Aufstrichen und für andere Speisen, kommt schnell eine beträchtliche Menge zusammen – mit der Folge, dass das Omega-6- zu Omega-3-Gleichgewicht des Körpers völlig aus der Balance gerät. Deswegen gilt: Ja zu ganzen Sonnenblumenkernen, aber lieber Raps- und Olivenöl statt Sonnenblumenkernöl verwenden.

Die im Handel erhältlichen Sonnenblumenkerne kommen vornehmlich aus Russland, der Ukraine, Argentinien, Rumänien und China. Man kann beim Einkauf aber bewusst regionale Kerne aus Deutschland, Österreich, der Schweiz oder Frankreich bevorzugen.

In der Küche sind Sonnenblumenkerne mit ihren feinen nussigen, leicht herben Noten eine knackige Komponente in herzhaften Backwaren, geröstet bereichern sie jeden Salat und können in gemahlener Form auch Quicheteige aufpeppen.

KÜRBISKERNE

Die Kerne aller essbaren **Kürbissorten** können verzehrt werden. Besonders eignen sich dafür die Samen von Arznei- und Ölkürbissen. Diese besitzen weniger Fruchtfleisch und enthalten weiche Kerne, deren Schalen nicht verholzt sind und somit ungeschält verwendet werden können.

Ursprünglich stammen Kürbisse aus Mittel- und Südamerika, doch heute werden sie weltweit angebaut. Der Großteil der im Handel angebotenen Kürbiskerne kommt aus China, der Ukraine, Russland, Spanien, Mexiko und den USA. Um den regionalen Handel zu fördern und weite Transportwege zu vermeiden, sollten wir als Konsument*innen gezielt darauf achten, Ware von Produzent*innen aus Franken oder der Steiermark einzukaufen.

Mit einem Gehalt von etwa 25 Prozent Eiweiß sind die flachen dunkelgrünen **Kürbiskerne** gerade für Menschen, die sich rein pflanzlich ernähren, eine willkommene Proteinquelle. Darüber hinaus sind sie reich an Magnesium und Eisen und enthalten viele B-Vitamine sowie Vitamin E.

In der Küche eignen sich die Kerne geröstet als knusprige Zutat für Salate und Gemüsegerichte oder leicht karamellisiert für Desserts. Kürbiskernöl färbt Salatsaucen und Marinaden dunkelgrün und verzaubert mit seinem milden und zugleich einzigartigen Aroma. Besonders beliebt ist es in Kombination mit Vanilleeis – klingt vielleicht merkwürdig, schmeckt aber vorzüglich!

SESAMSAMEN

Die Samenkörner der **Sesampflanze** gehören zu den am längsten vom Menschen kultivierten Ölsaaten der Welt. Die Pflanze kommt ursprünglich aus dem Süden Asiens, hat sich im tropischen und subtropischen Raum jedoch schnell verbreitet und prägt heute vor allem die asiatische und indische Küche sowie die des Mittleren Ostens. Zu den größten Sesamproduzenten zählen der Sudan, Myanmar, Indien und Tansania.

Die **Sesamsamen** sind hellbeige, hellbraun oder schwarz, wobei der schwarze Sesam bei uns im Handel seltener zu finden ist. Die Samen sind eine gute pflanzliche Proteinquelle (der Eiweißgehalt liegt bei etwa 17 Prozent), sie sind reich an Kalzium, Magnesium, Kalium und Eisen und enthalten einige Vitamine des B-Komplexes sowie Vitamin E. Das Fett der kleinen Samen besteht größtenteils aus einfach und mehrfach ungesättigten Fettsäuren.

Die würzig-herbe, leicht bittere Saat wird in Japan zu einer beliebten aromatischen Gewürzmischung (Gomashio) verarbeitet. Sesam verfeinert darüber hinaus herzhaftes Gebäck und eignet sich gut für Panaden. Das bekannte Tahin (Sesammus) findet als Zutat in vielen Saucen und Dips Verwendung, z. B. im Hummus. In Süßigkeiten und Desserts wird Sesam gerne mit Vanille, Zimt und Kardamom kombiniert.

LEINSAMEN

Die Samen der zur Ölgewinnung kultivierten **Flachspflanze**, die zur Familie der Leingewächse gehört, sind weltweit beliebt. Hauptanbaugebiete der auch als **Öllein** bekannten Pflanze sind Nordamerika (vor allem Kanada), Russland, Kasachstan, China, Indien und Äthiopien. Zu den größten europäischen Produzenten zählen Großbritannien und Frankreich.

Die flachen braunen **Leinsamen** bestehen zu etwa 37 Prozent aus Fett und verfügen über einen sehr hohen Anteil an Linolensäure (Omega-3-Fettsäure) – eine essenzielle ungesättigte Fettsäure, die in unserer Nahrung meist zu kurz kommt. Leinsamen sind darüber hinaus ungemein reich an sämtlichen Mikronährstoffen und liefern jede Menge Ballaststoffe. Die enthaltenen Schleimstoffe regen die Darmperistaltik an und stärken die Verdauung. Deshalb ist es absolut empfehlenswert, täglich 1–2 EL geschrotete Leinsamen in die Ernährung einzubinden.

Der nussig-würzige Leinsamen eignet sich als quellfähige Zutat in Overnight Oats, süßen und herzhaften Broten sowie als Bindemittel beim Backen ohne Ei. 3 EL geschroteter, in 50 ml Wasser eingeweichter Leinsamen kann in Kuchen-, Pfannkuchen- oder anderen Teigen ein Ei ersetzen und wertet gleichzeitig die Nährstoffbilanz auf.

HANFSAMEN

Die braune bis grüngraue Nussfrucht der **Hanfpflanze** gilt als wahres Wunderkorn. Der ursprünglich aus Asien stammende Hanf ist neben Flachs und Sesam eine der ältesten Kulturpflanzen überhaupt. Nicht nur die nährstoffreichen Samen der Pflanze sind vielseitig verwendbar – ihre Bestandteile werden sowohl zum Hausbau als auch zur Stoffherstellung eingesetzt. In China zählen Hanfsamen noch heute zu den wichtigsten Grundnahrungsmitteln. Die Hauptanbauländer sind China, Russland, Kanada und Frankreich. Nutzhanf wird seit Jahrzehnten aber auch in Süddeutschland, Österreich und Italien angebaut. Es empfiehlt sich daher, beim Einkauf auf die Herkunft zu achten und regionale Produzent*innen zu bevorzugen.

Hanfsamen liefern reichlich Magnesium, Kalzium, Kalium, Eisen, Zink, Mangan, etwas Schwefel und Vitamin E sowie besonders viele B-Vitamine. Neben Leinsamen und Walnüssen sind sie eine weitere hervorragende Quelle für Omega-3-Fettsäuren.

In der Küche eignen sich ungeschälte geschrotete Hanfsamen als würzige Backzutat für Brote und Brötchen. Geschälte Hanfsamen können mit ihren intensiven nussigen Aromen sowohl in herzhaften als auch süßen Speisen eingesetzt werden und verleihen Salaten, Gemüsekreationen und anderen Gerichten nicht nur das gewisse Etwas, sondern reichern sie auch mit wertvollen Nährstoffen an.

MEINE VORRÄTE UND MEIN EQUIPMENT FÜR DIE JEDEN-TAG-KÜCHE

Damit wir eine gemeinsame Küchensprache sprechen, lasse ich euch einen Blick in meine Vorratsschränke werfen und zeige euch, welche Lebensmittel ich neben frischem Obst, Gemüse und Kräutern immer gerne parat habe und welche praktischen Küchenhelfer mich durch den Alltag begleiten.

MEINE LEBENSMITTEL-BASICS

Beginnen wir mit den Hauptdarstellern dieses Buchs: den **Nüssen** und **Nussmusen**, den **Kernen** und **Samen**. Neben **Kürbiskernen**, **Sonnenblumenkernen** und **Leinsamen**, die ich wirklich immer zu Hause habe, um sie für Suppen und Salate anzurösten oder damit zu backen, habe ich stets einen Vorrat an naturbelassenen Nüssen. Am liebsten **Paranüsse** (für das tägliche Selen) und **Mandeln** (die ich einfach gerne knabbere). Für Salatsaucen und zum Abrunden von Gerichten verwende ich am häufigsten **Sesammus (Tahin)**, **Nussmixmus** und **Erdnussmus**. Nüsse und Nussmuse werden bei mir nicht älter als vier Wochen, weshalb ich damit immer gut ausgestattet bin.

Ich liebe aromatische Saucen und würzige Speisen mit dezentem Umami-Geschmack. Für **Salatsaucen** und **Marinaden** habe ich immer einen milden **Apfelessig** und einen etwas ausgewogeneren **Condimento bianco** da. Im Sommer ergänze ich meinen Vorrat um einen hochwertigen und lange gereiften **Aceto balsamico**, den ich beispielsweise gerne über bunte Tomaten träufle. Ab und an gönne ich mir auch einen lieblichen **Himbeeressig**.

In meinem Schrank befindet sich immer ein **natives Olivenöl extra** und in meinem Kühlschrank eine Flasche **Leinöl**. Zum scharfen Anbraten verwende ich auch gerne **Kokosöl**. **Kürbiskernöl**, **Walnussöl** oder **Haselnussöl** besorge ich nur, wenn ich sie wirklich benötige oder damit experimentieren möchte, da sie schnell ranzig werden. Für ein volles Wal- oder Haselnussaroma nutze ich lieber die ganze Nuss oder etwas Nussmus.

Sojasauce (in meinem Fall glutenfreie **Tamari**), süßer **Reiswein (Mirin)** sowie milder **Reisessig (Genmai Su)** ergänzen mein Saucenrepertoire um ein paar asiatische Noten. Sehr gerne verwende ich auch **Ume Su,** eine säuerlich-salzige Würzsauce aus Umeboshi-Aprikosen.

Gewürze haben für mich eine tiefere Bedeutung, denn sie sind mehr als nur Geschmacksgeber. Ich kenne mich ein bisschen mit den Heilkräften von Gewürzen aus, die ihnen im Ayurveda, in der traditionellen chinesischen Medizin oder auch bei Hildegard von Bingen zugesprochen werden. Deswegen lege ich großen Wert auf hochwertige Gewürze und setze sie mit Liebe, Achtsamkeit und Wertschätzung ein. Alle Gewürze fülle ich in kleine, luftdicht verschlossene Gläser um und achte darauf, dass ich sie beizeiten verbrauche – denn auch Gewürze sind nicht unbegrenzt haltbar. Sie verlieren an Aroma und Farbe sowie sicherlich auch ihre gesundheitsfördernde Wirkung.

Zu meiner Grundausstattung gehören neben **Salz** (vor allem **Meer-** und **Steinsalz**) und **Pfeffer** (**schwarz, weiß** und **Kampot**) auch **Kurkuma**, edelsüßes **Paprikapulver**, **Cayennepfeffer**, gemahlener und ganzer **Kreuzkümmel (Kumin)**, ein mildes **Currypulver**, **Anis-, Fenchel-** und **Koriandersamen**, **gelbe** und **schwarze Senfsaat** sowie **Teufelsdreck (Asant)** aus der indischen Küche. **Schwarzsalz (Kala Namak)**, gerne auch **Rauchsalz** und **geräuchertes Paprikapulver** setze ich ein, um einem Dip einen leichten »Eigeschmack« zu verleihen oder etwas rauchig abzuschmecken.

Zum Würzen habe ich zudem immer **Miso**, eine fermentierte Paste, im Kühlschrank. Am vielseitigsten einsetzbar ist das helle **Shiro-Miso** aus Reis und Sojabohnen. Außerdem liebe ich **Lupinen-Miso** und das kräftigere, dunkle **Hatcho-Miso**.

Um manchen Speisen etwas mehr Tiefe zu verleihen, setze ich gerne **Senf** (**grobkörnig, mittelscharf** und **scharf**) sowie **Hefeflocken** ein. Hefeflocken sind reich an Vitamin B – also eine prima Nahrungsergänzung, die auch noch schmeckt.

Getreide wie **Hirse**, **Risottoreis** und **Buchweizen** habe ich immer vorrätig. Alle anderen Getreidesorten besorge ich nur dann, wenn ich sie zeitnah verwenden möchte. Für spontane Backaktionen kommen noch glutenfreie **Haferflocken** sowie in gemahlener Form

VORRÄTE UND EQUIPMENT

Buchweizenmehl und **Reismehl** dazu. **Kastanienmehl** und ein **glutenfreier Mehlmix** ergänzen mein **Mehlsortiment**.

Meist findet sich auch **Pasta** aus Getreide oder Hülsenfrüchten im Schrank – ich habe davon nur kleine Mengen vorrätig und kaufe sie lieber nach, wenn ich sie aufgebraucht habe.

Getrocknete Hülsenfrüchte habe ich in Form von **gelben** und **roten Linsen** sowie **Belugalinsen** zu Hause – sie garen schnell und eignen sich prima, um mal eine Suppe zu binden. Außerdem **weiße Bohnen** (die mag ich am liebsten).

Für die **schnelle Küche** empfehle ich, immer ein hochwertiges **Pesto** in der Speisekammer zu haben, um jederzeit ein unkompliziertes Pastagericht zubereiten oder eine Gemüsepfanne aromatisieren zu können. Außerdem ein Glas **Zuckermais,** mehrere Gläser **verzehrfertige** Hülsenfrüchte und **weiße Bohnen** für einen schnellen Hummus oder andere Dips. Ebenfalls ein paar Gläser mit **Aufstrichen** und **Gemüsepasten,** die man im Bioladen findet. Mit solchen Kleinigkeiten lassen sich Reis, Kartoffeln oder gekochtes Gemüse vom Vortag schnell und kreativ in köstliche Bowls verwandeln.

MEINE KÜCHENHELFER

Im Alltag nutze ich meistens nur zwei **Messer:** ein großes, scharfes **Kochmesser** sowie ein kleines **Obstmesser,** um mal einen Strunk oder eine holzige Stelle zu entfernen. Beide sollten gut in der Hand liegen und sich prima führen lassen.

Am liebsten schneide ich auf einem großen **Holzbrett**. Schneideunterlagen aus Plastik mag ich persönlich gar nicht. Auch aus hygienischen Gründen bevorzuge ich Holz, denn es gibt keine schädlichen Mikropartikel ab und bestimmte Holzsorten wirken sogar antibakteriell.

Zum Raspeln und Hobeln von Obst und Gemüse habe ich eine **Reibe** und einen **Gemüsehobel** in meiner Schublade. Ebenso einen **Sparschäler,** einen **Schneebesen,** verschiedene **Kochlöffel** aus Holz und einen **Dosenöffner.**

Ich koche gerne mit **großen Töpfen** und **Pfannen,** um genügend Spielraum zum Schwenken und Wenden von Brat- und Gargut zu haben. Mit zwei Töpfen und einer Pfanne komme ich im Alltag voll und ganz aus. Natürlich braucht man mehr, wenn man regelmäßig für Familie und Freund*innen kocht und seinen Gästen mehrere Gänge kredenzen möchte.

Das wohl wichtigste **elektrische Küchengerät** in meinem Alltag ist der **Hochleistungsmixer** bzw. **Standmixer**. Er zerkleinert Nüsse und Samen, macht Suppen supercremig und vermixt alles, was sich homogen verbinden soll. Einen **Stabmixer** verwende ich gelegentlich, um Nussmus und warmes Wasser zu einer schnellen Mandelmilch für meinen Kaffee aufzuschäumen oder Salatsaucen und Pestos zu mixen – also für alles, was in kleineren Mengen zubereitet wird und den notwendigen Füllstand des Mixers unterschreitet.

Zu Hause backe ich meistens nur das Hafer-Hanf-Brot (Rezept s. S. 152) oder mal einen Kuchen bzw. ein Bananenbrot. Den Teig verrühre ich mit einem Holzlöffel oder mit dem **Handrührgerät.** Nur selten knete ich einen Hefeteig, deswegen kommt meine **Küchenmaschine** nicht allzu oft zum Einsatz und sie zählt für mich nicht zu den notwendigen Küchengeräten. Wer allerdings wöchentlich Brot oder Kuchen backt, profitiert natürlich von einer solchen Rühr- und Knethilfe.

Zu meinen **Backutensilien** gehören außerdem eine **Kastenform,** eine **Springform** sowie ein **Muffinblech.**

Zur **Aufbewahrung** von Essensresten oder Lebensmitteln aus dem Unverpackt-Laden verwende ich große **Vorratsgläser** und **Frischhalteboxen.** Von Alufolie, Frischhaltefolie und dergleichen halte ich nichts – zum Abdecken nutze ich lieber Teller oder **vegane Wachstücher.** Auch **Backpapier** kommt nur sparsam zum Einsatz, da es sich aufgrund seiner Antihaftbeschichtung nicht recyceln lässt.

REGISTER

DIE WICHTIGSTEN NÜSSE, SAMEN UND KERNE

C

Cashewkerne 10, 11, 19, 20, 21, 24, 112/113 // Bircher-Müsli mit Birne 143 // Blumenkohl-Taboulé 108/109 // Carrot Banana Bread mit Kurkumacreme 48 // Cashew-Béchamel 31, 172/173 // Cashewfrischkäse 25 // Cashew-Hollandaise 30, 69 // Cashewjoghurt 25 // Cashew-Kokos-Mousse 87 // Cashewmilch 24 // Cashew-Mozzarella auf Mango-Fenchel-Salat 104 // Cashewquark 25, 26, 176 // Dulce de café 92 // Erdmandel-Hafer-Muffins mit Kaffee-Cashew-Topping 95 // Frozen Cashew Cubes 138/139 // Frühlingsquiche 76/77 // Gefüllte Zucchiniblüten mit Macadamia-Cashew-Ricotta 121 // Geröstete Rote Bete auf Linsen-Apfel-Salat 166 // Goldene Kurkumacreme 47, 48 // Hirse-Couscous mit Sesam-Zitronen-Dip 158 // Kartoffel-Bärlauch-Streich 40 // Kohlrabipasta mit Cashew-Carbonara 78 // Kürbisstreich mit Paranuss 154 // Mozzarella mit Flohsamenschalen 26, 104 // Mozzarella mit Tapiokastärke 27, 104 // No Cheese Fondue 225 // Nussberger Klopse auf Cashewsauce 180/181 // Nussparmesan 27, 69, 78, 126, 222/223 // Ofenkartoffelsalat mit Cashew-Sour-Cream 169 // Rohe Zucchinipasta bolognese 126 // Safranrisotto mit Puntarelle 222/223 // Spargel grün-weiß mit Cashew-Hollandaise 69 // Süße Rote-Bete-*RAW*ioli 182 // Süßkartoffel-Kumpir mit Cashew-Miso-Quark 176 // Tellerlasagne mit Kürbis und Linsen 172/173 // Winterlicher Nussbraten mit Maronen 228/229

E

Erdmandeln 24, 130/131 // Erdmandel-Hafer-Muffins mit Kaffee-Cashew-Topping 95 // Schokoladenküchlein mit Olivenöl 133

Erdnüsse 20, 21, 62/63, 130/131, 246 // Asiatische Reisnudel-Bowl mit Spargel 82/83 // Erdnuss-Ananas-Lebkuchen 238 // Erdnuss-Orangen-Sauce 31 // Frozen Cashew Cubes 138/139 // Karibische Süßkartoffelsuppe 100 // Kürbisstreich mit Paranuss 154 // Ofenspargel mit Mango-Erdnuss-Salsa 65 // Sommerrollen im Frühlingsgewand 58

H

Hanfsamen 245 // Grüne Tofu-Hanf-Pastete 41 // Omega-3-Porridge mit Rhabarberkompott 37 // Würziges Hafer-Hanf-Brot 152

Haselnüsse 10, 11, 20, 21, 24, 150/151, 247 // Gebackene Kürbistaler mit grüner Salsa 218 // Geröstete Möhren auf Nuss-Quinoa 66 // Haselnussmilch 24 // Hirsotto mit Artischocke 124/125 // Kürbistreich mit Paranuss 154 // No!tella 147

K

Kastanien siehe **Maronen**

Kokosnüsse 20, 186/187 // Asiatische Reisnudel-Bowl mit Spargel 82/83 // Cashew-Kokos-Mousse 87 // Cremige Blumenkohl-Kokos-Suppe 157 // Dulce de café 92 // Erdmandel-Hafer-Muffins mit Kaffee-Cashew-Topping 95 // Frozen Cashew Cubes 138/139 // Gebrannte Kürbis-Mandel-Creme 189 // Kokos-Kardamom-Mousse mit Melone 134 // Mais-Chowder mit Datteln im Auberginenmantel 202 // Nussknacker-Granola 144 // Süße Rote-Bete-*RAW*ioli 182 // Warmer Frühstücksreis mit Kokos und Orange 193

Kürbiskerne 20, 243, 246 // Bircher-Müsli mit Birne 143 // Blumenkohlsteaks mit Ananasreis 217 // Cashew-Mozzarella auf Mango-Fenchel-Salat 104 // Frühlingsquiche 76/77 // Kürbiscremesuppe mit Knoblauchspinat 205 // Kürbisstreich mit Paranuss 154 // Nussknacker-Granola 144 // Süße Rote-Bete-*RAW*ioli 182

L

Leinsamen 244/245, 246 // Bircher-Müsli mit Birne 143 // Carrot Banana Bread mit Kurkumacreme 48 // Omega-3-Porridge mit Rhabarberkompott 37 // Saftiges Hafer-Hirse-Brot 38 // Würziges Hafer-Hanf-Brot 152

M

Macadamianüsse 20, 21, 24, 200/201 // Cashewquark, -joghurt und -frischkäse 25 // Gefüllte Zucchiniblüten mit Macadamia-Cashew-Ricotta 121 // Gerösteter Rosenkohl mit Macadamia 209 // Kokos-Kardamom-Mousse mit Melone 134 // Mandelricotta 26 // Mozzarella mit Flohsamenschalen 26, 104 // Nice Cream Berry Bowl 91 // Rauchige Bohnen-Pilz-Pastete 155 // Roher Miso-Kohlrabi mit Erdbeere 57 // Roher Rote-Bete-Streich 197 // Safranrisotto mit Puntarelle 222/223 // Süßkartoffel-Kumpir mit Cashew-Miso-Quark 176

Mandeln 11, 20, 21, 24, 164/165, 246 // Bircher-Müsli mit Birne 143 // Buchweizenrisotto mit Pilzen 175 // Cashewquark, -joghurt und -frischkäse 25 // Cremiges Polenta-Porridge mit Zimtzwetschge 194 // Erdmandel-Hafer-Muffins mit Kaffee-Cashew-Topping 95 // Frozen Cashew Cubes 138/139 // Gebrannte Kürbis-Mandel-Creme 189 // Kokos-Kardamom-Mousse mit Melone 134 // Kürbisstreich mit Paranuss 154 // Mandel-Marzipan-Taler mit Mandel-Dattel-Schmand 237 // Mandelmilch 24, 194 // Mandelricotta 26 // Mozzarella mit Flohsamenschalen 26, 104 // Nussfrikadellen auf Apfel-Topinambur-Carpaccio 210 // Paprika-Aprikosen-Salat aus dem Ofen 114 // Ratatouille aus dem Ofen mit Salzmandeln 161 // Süßkartoffel-Kumpir mit Cashew-Miso-Quark 176 // Weihnachtsflan auf Portweinpflaumen 234 // Zitronensauce mit Sesammus 30

Maronen 12, 232/233, 248 // Nussberger Klopse auf Cashewsauce 180/181 // Weihnachtsflan auf Portweinpflaumen 234 // Winterlicher Nussbraten mit Maronen 228/229

P

Paranüsse 20, 21, 24, 98/99, 246 // Geröstete Rote Bete auf Linsen-Apfel-Salat 166 // Kohlrabipasta mit Cashew-Carbonara 78 // Kürbisstreich mit Paranuss 154 // Nussberger Klopse auf Cashewsauce 180/181 // Nussparmesan 27, 69, 78, 126, 222/223 // Rohe Zucchinipasta bolognese 126 // Safranrisotto mit Puntarelle 222/223 // Saftiges Hafer-Hirse-Brot 38 // Spargel grün-weiß mit Cashew-Hollandaise 69 // Wildtomaten mit Auberginenspeck 117

Pekannüsse 24, 72/73 // Frühlingsquiche 76/77 // Rohe Zucchinipasta bolognese 126 // Rote Bete mit Kichererbse und Zitrone 206

Pinienkerne Paprika-Aprikosen-Salat aus dem Ofen 114

Pistazien 11, 20, 214/215 // Zweierlei vom Radieschen mit grüner Polenta 54

S

Sesamsamen 20, 244/245, 246 // Bohnen-Orangen-Hummus 103 // Gerösteter Rosenkohl mit Macadamia 209 // Hirse-Couscous mit Sesam-Zitronen-Dip 158 // Nussfrikadellen auf Apfel-Topinambur-Carpaccio 210 // Paprika-Aprikosen-Salat aus dem Ofen 114 // Rote Bete mit Kichererbse und Zitrone 206 // Samtige Rote-Bete-Sellerie-Suppe 52/53 // Süßes Möhren-Halva 84 // Zitronensauce mit Sesammus 30

Sonnenblumenkerne 20, 243, 246 // Bircher-Müsli mit Birne 143 // Frühlingsquiche 76/77 // Rohe Zucchinipasta bolognese 126 // Samtige Rote-Bete-Sellerie-Suppe 52/53

W

Walnüsse 10, 11, 20, 21, 24, 44/45, 72, 99, 233, 245 // Frühlingsquiche 76/77 // Grüne Tofu-Hanf-Pastete 41 // Lauwarmer Zuckerschoten-Apfel-Salat 118 // Mais-Chowder mit Datteln im Auberginenmantel 202 // Omega-3-Porridge mit Rhabarberkompott 37 // Rote Bete mit Kichererbse und Zitrone 206 // Süßkartoffel-Kumpir mit Cashew-Miso-Quark 176 // Würziges Hafer-Hanf-Brot 152

DIE WICHTIGSTEN FRISCHEN ZUTATEN

A
Äpfel Bircher-Müsli mit Birne 143 // Geröstete Rote Bete auf Linsen-Apfel-Salat 166 // Lauwarmer Zuckerschoten-Apfel-Salat 118 // Nussfrikadellen auf Apfel-Topinambur-Carpaccio 210 // Omega-3-Porridge mit Rhabarberkompott 37 // Samtige Rote-Bete-Sellerie-Suppe 52/53
Ananas Frozen Cashew Cubes 138/139
Aprikosen Paprika-Aprikosen-Salat aus dem Ofen 114
Artischocken Hirsotto mit Artischocke 124/125
Auberginen Mais-Chowder mit Datteln im Auberginenmantel 202 // Ratatouille aus dem Ofen mit Salzmandeln 161 // Wildtomaten mit Auberginenspeck 117

B
Bärlauch Gebackene Kürbistaler mit grüner Salsa 218 // Kartoffel-Bärlauch-Streich 40
Bananen Carrot Banana Bread mit Kurkumacreme 48 // Frozen Cashew Cubes 138/139 // Nice Cream Berry Bowl 91
Birnen Bircher-Müsli mit Birne 143 // Tellerlasagne mit Kürbis und Linsen 172/173
Blaubeeren Frozen Cashew Cubes 138/139 // Nice Cream Berry Bowl 91
Blumenkohl Blumenkohlsteaks mit Ananasreis 217 // Blumenkohl-Taboulé 108/109 // Cremige Blumenkohl-Kokos-Suppe 157

E
Erdbeeren Frozen Cashew Cubes 138/139 // Roher Miso-Kohlrabi mit Erdbeere 57

F
Feldsalat Süßkartoffel-Kumpir mit Cashew-Miso-Quark 176
Fenchel Cashew-Mozzarella auf Mango-Fenchel-Salat 104 // Frühlingsquiche 76/77 // Kürbiscremesuppe mit Knoblauchspinat 205 // Ratatouille aus dem Ofen mit Salzmandeln 161 // Rohe Zucchinipasta bolognese 126
Frühlingszwiebeln Ofenspargel mit Mango-Erdnuss-Salsa 65 // Sommerrollen im Frühlingsgewand 58

G
Goldrübchen Hirse-Couscous mit Sesam-Zitronen-Dip 158
Granatäpfel Gerösteter Rosenkohl mit Macadamia 209 // Süße Rote-Bete-*RAW*ioli 182
Grapefruits Schokoladenküchlein mit Olivenöl 133
Gurken Blumenkohl-Taboulé 108/109

H
Himbeeren Frozen Cashew Cubes 138/139 // Nice Cream Berry Bowl 91

I
Ingwer Asiatische Reisnudel-Bowl mit Spargel 82/83 // Chai mit Mandelmilch 194 // Erdnuss-Orangen-Sauce 31 // Karibische Süßkartoffelsuppe 100 // Mais-Chowder mit Datteln im Auberginenmantel 202 // Tellerlasagne mit Kürbis und Linsen 172/173 // Warmer Frühstücksreis mit Kokos und Orange 193

K
Kartoffeln Kartoffel-Bärlauch-Streich 40 // Ofenkartoffelsalat mit Cashew-Sour-Cream 169 // Samtige Rote-Bete-Sellerie-Suppe 52/53
Kirschen Erdmandel-Hafer-Muffins mit Kaffee-Cashew-Topping 95
Knollensellerie Mais-Chowder mit Datteln im Auberginenmantel 202 // Rauchige Bohnen-Pilz-Pastete 155 // Winterlicher Nussbraten mit Maronen 228/229
Kohlrabi Hirse-Couscous mit Sesam-Zitronen-Dip 158 // Kohlrabipasta mit Cashew-Carbonara 78 // Roher Miso-Kohlrabi mit Erdbeere 57
Kürbis Gebackene Kürbistaler mit grüner Salsa 218 // Gebrannte Kürbis-Mandel-Creme 189 // Kürbiscremesuppe mit Knoblauchspinat 205 // Kürbisstreich mit Paranuss 154 // Tellerlasagne mit Kürbis und Linsen 172/173
Kurkuma Karibische Süßkartoffelsuppe 100 // Tellerlasagne mit Kürbis und Linsen 172/173

M

Mangos Cashew-Mozzarella auf Mango-Fenchel-Salat 104 // Frozen Cashew Cubes 138/139 // Karibische Süßkartoffelsuppe 100 // Ofenspargel mit Mango-Erdnuss-Salsa 65

Maracujas Karibische Süßkartoffelsuppe 100

Meerrettich Rote Bete mit Kichererbse und Zitrone 206 // Samtige Rote-Bete-Sellerie-Suppe 52/53

Melonen Kokos-Kardamom-Mousse mit Melone 134

Möhren Carrot Banana Bread mit Kurkumacreme 48 // Geröstete Möhren auf Nuss-Quinoa 66 // Hirse-Couscous mit Sesam-Zitronen-Dip 158 // Rohe Zucchinipasta bolognese 126 // Sommerrollen im Frühlingsgewand 58 // Süßes Möhren-Halva 84

P

Paprika Paprika-Aprikosen-Salat aus dem Ofen 114 // Ratatouille aus dem Ofen mit Salzmandeln 161

Pastinaken Mais-Chowder mit Datteln im Auberginenmantel 202

Peperoni Asiatische Reisnudel-Bowl mit Spargel 82/83 // Cashew-Mozzarella auf Mango-Fenchel-Salat 104 // Erdnuss-Orangen-Sauce 31 // Hirse-Couscous mit Sesam-Zitronen-Dip 158 // Karibische Süßkartoffelsuppe 100 // Ofenspargel mit Mango-Erdnuss-Salsa 65 // Sommerrollen im Frühlingsgewand 58 // Tellerlasagne mit Kürbis und Linsen 172/173

Petersilienwurzeln Karibische Süßkartoffelsuppe 100 // Mais-Chowder mit Datteln im Auberginenmantel 202 // Winterlicher Nussbraten mit Maronen 228/229

Pfirsiche Frozen Cashew Cubes 138/139 // Gefüllte Zucchiniblüten mit Macadamia-Cashew-Ricotta 121

Pflaumen Cremiges Polenta-Porridge mit Zimtzwetschge 194 // Weihnachtsflan auf Portweinpflaumen 234

Pilze Buchweizenrisotto mit Pilzen 175 // Rauchige Bohnen-Pilz-Pastete 155 // Sommerrollen im Frühlingsgewand 58 // Winterlicher Nussbraten mit Maronen 228/229

Puntarelle Safranrisotto mit Puntarelle 222/223

R

Radieschen Sommerrollen im Frühlingsgewand 58 // Zweierlei vom Radieschen mit grüner Polenta 54

Rhabarber Omega-3-Porridge mit Rhabarberkompott 37

Rosenkohl Gerösteter Rosenkohl mit Macadamia 209

Rote Bete Geröstete Rote Bete auf Linsen-Apfel-Salat 166 // Nussberger Klopse auf Cashewsauce 180/181 // Roher Rote-Bete-Streich 197 // Rote Bete mit Kichererbse und Zitrone 206 // Samtige Rote-Bete-Sellerie-Suppe 52/53 // Süße Rote-Bete-*RAW*ioli 182

Rucola Cashew-Mozzarella auf Mango-Fenchel-Salat 104 // Gebackene Kürbistaler mit grüner Salsa 218 // Gerösteter Rosenkohl mit Macadamia 209 // Grüne Tofu-Hanf-Pastete 41 // Sommerrollen im Frühlingsgewand 58

S

Spargel Asiatische Reisnudel-Bowl mit Spargel 82/83 // Ofenspargel mit Mango-Erdnuss-Salsa 65 // Spargel grün-weiß mit Cashew-Hollandaise 69

Spinat Frühlingsquiche 76/77 // Kürbiscremesuppe mit Knoblauchspinat 205

Staudensellerie Mais-Chowder mit Datteln im Auberginenmantel 202 // Nussfrikadellen auf Apfel-Topinambur-Carpaccio 210 // Rohe Zucchinipasta bolognese 126 // Samtige Rote-Bete-Sellerie-Suppe 52/53 // Winterlicher Nussbraten mit Maronen 228/229

Süßkartoffeln Karibische Süßkartoffelsuppe 100 // Süßkartoffel-Kumpir mit Cashew-Miso-Quark 176

T

Tomaten Ratatouille aus dem Ofen mit Salzmandeln 161 // Rohe Zucchinipasta bolognese 126 // Wildtomaten mit Auberginenspeck 117

Topinambur Nussfrikadellen auf Apfel-Topinambur-Carpaccio 210

Z

Zucchini Gefüllte Zucchiniblüten mit Macadamia-Cashew-Ricotta 121 // Ratatouille aus dem Ofen mit Salzmandeln 161 // Rohe Zucchinipasta bolognese 126

Zuckerschoten Lauwarmer Zuckerschoten-Apfel-Salat 118

Zwetschgen siehe **Pflaumen**

Lena Kaltenbach (Digital Operator), Vera Guala (Stylistin), Estella Schweizer (Autorin), Winfried Heinze (Fotograf)

DANK

Das Kochen und Backen mit Nüssen ist seit Jahren ein elementarer Bestandteil meines Alltags – eine lebenslange Liebe sozusagen, die mit Mandelmus-Frühstücksbroten begann. Somit habe ich unbewusst seit frühester Jugend von dem kulinarischen Mehrwert und den ernährungsphysiologischen Besonderheiten der Nüsse und Samen profitiert.

Seitdem ich bei fairfood Freiburg arbeite – einem Unternehmen, das fair gehandelte Bio-Nüsse und -Nussprodukte vertreibt und sich für eine nachhaltige Wertschöpfung in den Anbauländern einsetzt – und einen noch tieferen Einblick in die komplexen Handelsbeziehungen rund um die Nuss erhalten habe, ist für mich klar, dass ich ein Kochbuch schreiben möchte, das die kleinen Kraftpakete in den Vordergrund stellt. Ein Buch, das aufklärt, informiert, inspiriert und begeistert.

Dieses Buch widme ich insbesondere allen Nussbäuerinnen und -bauern sowie Produzent*innen weltweit, die Fairtrade- und biozertifizierte Ware anbauen bzw. damit handeln – sie alle leisten großartige Arbeit und einen so wertvollen Beitrag, um Nüsse in unserer Ernährung verfügbar zu machen.

Ebenso widme ich dieses Buch Unternehmen wie fairfood Freiburg, die sich für fairen Handel und Absatzmärkte im globalen Norden starkmachen, um den Erzeuger*innen in Ländern des globalen Südens Abnahmesicherheit für die Produkte zu garantieren und damit eine Lebensgrundlage zu schaffen.

Ich danke allen Konsument*innen, Unternehmer*innen, Produzent*innen und Gastronom*innen, die beim Einkauf auf Herkunft, biologischen Anbau und fairen Handel achten und bereit sind, den notwendigen Preis zu zahlen, den ökologisch, nachhaltig und wertschöpfend erzeugte Produkte eben wert sind.

Danke, Vera Guala, für die einzigartige und unglaublich schöne Requisite sowie dein gekonntes, kreatives Foodstyling. Danke an Winfried Heinze, Lena Kaltenbach und das ganze Team von b.lateral für die Expertise in Fotografie und Gestaltung. Danke, Vera und Winfried, dass ihr das Potenzial meiner Nusskochbuch-Idee von Anfang an erkannt habt und wir die Reise gemeinsam antreten durften.

Danke, Julie Kiefer, für die kompetente und herzliche Koordination des Werdegangs dieses Buchs und dein stets offenes Ohr für unsere Anliegen bei Layout und Gestaltung.

Danke, Sabrina Kiefer, für das tolle Lektorat und Projektmanagement und dein Hineindenken in meine Welt der Rezeptkreationen.

Let's go nuts about nuts!

ESTELLA SCHWEIZER ist Restaurantfachfrau und Expertin für pflanzenbasierte Ernährung. Sie ist zertifizierte »Plant Based Chef« und gehört zu den besten veganen Köch*innen Deutschlands. In Regensburg betrieb sie ein veganes Café, heute arbeitet sie als Rezept- und Produktentwicklerin für fairfood Freiburg und andere junge nachhaltige Food-Start-ups. Sie unterstützt Gastronomiebetriebe und Hotels bei der Entwicklung klimafreundlicher Speisekonzepte und ist Teil des Good Food Collective. Bei alldem setzt sie sich für nachhaltig produzierte und gehandelte Nüsse ein.

WINFRIED HEINZE ist als Fotograf spezialisiert auf Food und Lifestyle und leitet die Kreativagentur b.lateral. Er lebt am Bodensee, in London und Zürich und arbeitet weltweit. Seine Fotos erscheinen regelmäßig in Magazinen, Büchern und anderen Publikationen.

VERA GUALA, Stylistin, kam vom Siebdruck in Bern über die Trendforschung in Paris zum Modestudium nach Zürich. Farbe und Ästhetik haben schon immer die wichtigste Rolle in ihrem Arbeitsleben gespielt. Heute kommt ihr Talent vor allem in den Bereichen Kulinarik und Lifestyle zum Einsatz.

B.TEAM sind alle Mitwirkenden der b.lateral creative agency. Mit viel Können und Leidenschaft haben sie zur Fertigstellung des Buchs, vom ersten Konzept bis zum fertigen Layout, beigetragen. Vor allem Hannes Knab, Rebecca Wiebel und David Capó Valbona gestalteten Titelseiten, Illustrationen, Typografie und Layout. Lena Kaltenbach perfektionierte die Fotos mit ihren digitalen Fähigkeiten. Sie alle leben am Bodensee.

IMPRESSUM

© Prestel Verlag,
München · London · New York, 2022.
2. Auflage 2023
in der Penguin Random House
Verlagsgruppe GmbH
Neumarkter Straße 28 · 81673 München

Der Verlag behält sich die Verwertung des urheberrechtlich geschützten Inhalts dieses Werkes für Zwecke des Text- und Dataminings nach § 44 b UrhG ausdrücklich vor. Jegliche unbefugte Nutzung ist hiermit ausgeschlossen.

Projektleitung: Julie Kiefer
Projektmanagement und Lektorat:
Sabrina Kiefer
Gestaltung und Layout: b.lateral
creative agency
Herstellung: Corinna Pickart
Lithografie: Schnieber Graphik GmbH,
München
Druck und Bindung: DZS GRAFIK, d.o.o.
Papier: Magno Natural

Penguin Random House Verlagsgruppe
FSC® N001967

Wir reduzieren und vermeiden die Emissionen, die an unseren Produkten entstehen, fortlaufend und gleichen die verbliebenen Emissionen über ein Klimaschutzprojekt aus. Weitere Informationen zu dem Projekt: www.ClimatePartner.com/14044-1912-1001

Gedruckt in Slowenien
ISBN 978-3-7913-8836-6

www.prestel.de